AF458540

ENTRETIENS DE PHOCION.

TOME I.

PHOCION

ENTRETIENS DE PHOCION,

SUR LE RAPPORT DE LA MORALE AVEC LA POLITIQUE.

Par MABLY.

ÉDITION augmentée d'un Discours et de notes, par l'Auteur de l'Élève de la Nature, où sont appliqués à notre nouveau Gouvernement, les principes exposés dans cet ouvrage.

Quid leges, sine moribus
Vanæ, proficiunt? Hor. Od. 19. L. 3.

TOME PREMIER.

A PARIS,

Chez FAVRE, Libraire, maison Égalité, galeries de bois, N.° 220.

L'An II. de la République.

AVIS.

Je n'ai à me reprocher ni d'avoir substitué *tu* à *vous* dans cette édition, ni d'y avoir joint un discours et des notes qui, j'espère, la rendront plus utile aux bons citoyens, à tous ceux qui aiment notre nouveau gouvernement. Mais ce que je regrette est d'avoir élagué quelques pages de la Préface. Quoique j'aie motivé cette omission, pag. 3 et suivantes, je vais la réparer, et rétablir le texte de Mably; tout ce qu'a fait un écrivain aussi célèbre, aussi estimable, mérite d'être précieusement conservé.

A ces mots de la page 3, *Mably, après avoir reconnu*, il est à propos d'ajouter ceux-ci, *comme on vient de le voir*; sans cela, on croiroit que je supprime la partie de sa Préface, où il reconnaît le mérite de quelques Bénédictins; et je ne fais, au contraire, que rappeler le peu de mots qu'il en a dits en commençant. Il n'y aura plus la moindre lacune dans la Préface, lorsqu'après ces mots de la page 3, *rendre exacte et littérale*, on ajoutera, j'ai communiqué mon travail, etc. jusqu'à ceux-ci qui terminent le volume, *je sais combien des lieux communs sur l'art de gouverner, sont insipides*.

J'ai communiqué mon travail à quelques savans, et les ai consultés sur plusieurs passages que j'avois copiés exactement, et qui m'embarrassoient. Ils ont eu la bonté de m'aider de leurs conseils ; et en même temps que je m'acquitte du tribut de reconnaissance qui leur est dû, je ne dois pas laisser ignorer aux lecteurs, que si quelques-uns ne doutent pas que Nicoclès n'ait recueilli la doctrine de Phocion, ainsi que Platon et Xénophon ont recueilli celle de Socrate ; d'autres soupçonnent que cet ouvrage pourroit bien n'avoir été composé que dans un siècle postérieur même à celui de Plutarque.

Par quelle fatalité, m'a-t-on dit, Cicéron qui avoit fait une étude profonde de tous les philosophes de la Grèce, et qui en expose souvent la doctrine avec une sorte de complaisance, ne cite-t-il ni Nicoclès, ni Phocion dans aucun endroit de ses ouvrages philosophiques? Ce silence n'est-il pas une preuve que le philosophe Romain ne connaissoit pas les Entretiens que vous avez découverts dans la poussière d'une bibliothèque? Et s'il ne les connaissoit pas, est-il vraisemblable qu'ils existassent de son temps? Plutarque, ajoutoit-on, cet écrivain si exact à rapporter tout ce qui est propre à faire connaître ses héros, a écrit la vie de Phocion; eût-il négligé de rendre compte de son système moral et politique, s'il eût eu entre les mains l'ouvrage de Nicoclès? Il parle en deux endroits de Nicoclès même, comme de l'homme le plus tendrement attaché à Phocion. Comment auroit-il oublié d'avertir qu'il a fait et transmis à la postérité le tableau le plus précieux des mœurs et de l'esprit de son ami? C'eût été relever la gloire de l'un et de l'autre. De-là on a conclu que les Entretiens de Phocion ne sont pas d'une aussi haute antiquité qu'on seroit d'abord tenté de le croire, et que le véritable auteur de cet ouvrage n'a vraisemblablement emprunté les noms respectables de Phocion et de Nicoclès, que pour donner plus de crédit à sa doctrine.

Quelque prévenu que je sois en faveur des Critiques qui

m'ont fait ces objections, je l'avouerai cependant, elles ne m'ont pas convaincu. Est-ce amour-propre de traducteur, ou suis-je fondé en raison ? Le public en jugera. Le silence de Cicéron, ou je me trompe fort, n'est point un argument invincible contre l'ouvrage dont je donne la traduction. Je ne vois pas que l'ordre des matières qu'il traitoit dans ses *Offices*, ses *Tusculanes*, ses *Dialogues sur la nature des Dieux*, etc. le conduisît à parler des Entretiens de Phocion ; pourquoi les auroit-il cités ? C'est dans son *Traité des Loix*, et surtout dans ses *Livres de la République*, qu'il auroit eu occasion d'en exposer la doctrine. Si je dis que vraisemblablement il l'a fait, il me semble qu'on ne peut m'opposer qu'un doute vague qui ne prouve rien, puisqu'il s'en faut bien que le premier de ces ouvrages soit parvenu entier jusqu'à nous, et que le second ne nous est connu que par quelques fragmens très-courts.

Le silence de Plutarque forme, j'en conviens, une difficulté plus spécieuse ; mais de ce qu'il n'a pas cité l'écrit de Nicoclès, en faut-il conclure qu'il ne l'a pas connu ? Ne voit-on pas que Phocion est peint dans cet historien avec les mêmes couleurs qu'il se peint lui-même dans ses Entretiens ? N'étoit-ce pas exposer de la manière la plus intéressante le système de morale et de politique de ce grand homme, que de le représenter lui-même inviolablement attaché à la pratique de toutes les vertus? Plutarque a cru avec raison que le devoir d'un historien se bornoit là. C'est parce que l'ouvrage de Nicoclès étoit entre les mains de tout le monde, qu'il aura peut-être regardé comme inutile d'en parler. Peut-être en avoit-il déja rendu compte dans quelqu'un de ses ouvrages de Morale; et si le temps nous en a dérobé plusieurs, comment peut-on se prévaloir du silence de Plutarque? Je le remarquerai en passant, ce silence des écrivains que la plupart des critiques emploient à chaque instant comme un argument décisif, ne forme presque jamais qu'un préjugé très-faible. S'il prouvoit quelque chose contre les Entretiens de Phocion, il faudroit se livrer au pyrrhonisme reproché au Père Hardouin, et douter avec lui que la plupart des écrits de l'antiquité fussent des auteurs dont ils portent le nom.

Mais ce qui répond à toutes les difficultés qu'on peut m'opposer, c'est l'éloquence, c'est la force, c'est l'énergie des Entretiens de Phocion. Si les savans, qui n'ont vu que ma traduction, dont je ne me dissimule pas l'extrême faiblesse, avoient lu l'original, ils auroient reconnu sans peine ce caractère qui distingue le siècle de Platon, de Thucydide et de Démosthène, des temps qui l'ont suivi. Je sais que plusieurs siècles encore après, et lorsque la Grèce fut même devenue une province Romaine, les Grecs continuèrent à parler leur langue avec une extrême pureté; mais l'époque de la ruine de leur liberté fut l'époque de la décadence de leur génie. Les esprits amollis et plus timides, n'eurent plus une certaine sève, une certaine vigueur. On parla avec élégance, mais on pensa sans force; les idées du beau se perdirent, et l'éloquence cultivée par des rhéteurs, et non par des philosophes, abandonna son ancienne simplicité, pour se parer d'ornemens inutiles.

La philosophie si sage, si lumineuse dans les écoles de Socrate et de Platon, dégénéra encore plus promptement que l'éloquence. Les sophistes, dont ces grands hommes commençoient déja à se plaindre, conjurèrent contre la verité, et l'étouffèrent. Pour augmenter le nombre de leurs disciples, à qui ils vendoient leurs leçons, ils se firent une étude d'inventer des opinions bizarres, hardies et extraordinaires, et un art de les défendre par de misérables subtilités. Croira-t-on aisément que de cette lie de la philosophie sortit la doctrine des Entretiens de Phocion? La Politique fut encore plus négligée que la Morale par des hommes qui n'étoient plus libres, qui n'aimoient plus leur Patrie, et qui faisoient bassement la cour aux Romains. Mais je m'arrête trop long-temps sur cette matière. Les savans, qui connaissent le génie et la manière, si je puis parler ainsi, de chaque siècle, se diront eux-mêmes, et mieux que je ne pourrois faire, tout ce que je tais ici. Pour le reste du public, il ne s'occupe guère de ces sortes de discussions. Un ouvrage est-il bon, est-il mauvais? voilà ce qui le touche, et non pas le nom de son auteur et la date du temps où il a été écrit.

Mably, à la fin de sa Préface (et je crois devoir aussi rétablir ce texte), dit après ces mots, *dernier sacrifice* :

C'est inutilement que j'ai parcouru les Historiens qui ont parlé des affaires d'Athènes et de la Grèce, sous les règnes d'Alexandre et de ses premiers successeurs, pour y trouver quelques éclaircissemens sur Aristias, à qui Phocion donne des leçons de morale et de politique. Ce nom est peu connu dans

dans l'antiquité ; je ne me rappelle pas même qu'il ait été porté par d'autre homme connu, que par un poëte dramatique, contemporain d'Eschyle, et dont il ne nous reste aucun ouvrage. Sans doute qu'Aristias, qui avoit adopté les principes de son maître, mourut avant que d'avoir pu consacrer ses lumières et ses talens au service de sa patrie. Pour Cléophane, à qui Nicoclès adresse les Entretiens de Phocion, on sait qu'il étoit l'ami de ces deux grands hommes: Plutarque nous apprend qu'il servit dans l'armée que Phocion commanda dans l'Eubée, et contribua par ses talens au succès de la campagne.

Je n'ai qu'un mot à dire au sujet des Remarques qui accompagnent ma traduction. Je me suis proposé de ne pas abuser du privilége que les Traducteurs et les Commentateurs semblent s'être arrogé d'ennuyer par une érudition fastidieuse, ou par des réflexions puériles. Quand Nicoclès parlera de Lycurgue, de Solon, de Miltiade, d'Aristide, de Thémistocle, de Cimon, etc. ou qu'il indiquera quelqu'événement célèbre de l'Histoire ancienne, je supposerai que mes lecteurs ont lu Hérodote, Thucydide, Xénophon, et les vies des hommes illustres de Plutarque, et je n'aurai point la vanité de vouloir leur apprendre ce qu'ils savent déja. Je tâcherai d'être court dans les remarques qui ne roulent que sur la Morale; elles ne contiendront ordinairement que quelq'ue passage des anciens. Je me suis fait la même règle à l'égard des remarques qui regardent la Politique; je sais combien des lieux communs sur l'art de gouverner sont insipides.

PRÉFACE.

Il y a deux années que voyageant en Italie, un événement, dont il est inutile d'entretenir le public, me fit passer quelque-smois au monastère du Mont-Cassin. C'est le berceau de cet ordre célèbre, qui, au milieu de la barbarie où l'Europe a été plongée pendant plusieurs siécles, a cultivé les lettres avec soin, et auquel les savans doivent tout ce que nous avons aujourd'hui des ouvrages des anciens. La bibliothèque du Mont-Cassin, digne des hommes de mérite qui l'ont formée, est fort riche, et principalement en manuscrits. Le hasard m'en fit rencontrer un qui doit être très-ancien, si les règles critiques sur cette matière sont vraies ; il est bien conservé, et a pour titre : *Entretiens de Phocion.*

Un ouvrage jusqu'alors inconnu, et qui porte le nom d'un des plus grands hommes de la Grèce, aussi célèbre par son éloquence que par ses vertus et ses talens militaires, fixa toute mon attention. À peine eus-je commencé à le parcourir, qu'il ne me fut plus possible de le quitter. Je le lus et le relus plusieurs fois. J'invitai le bibliothécaire à enrichir le public du trésor qu'il possédoit ; mais comme il ne me répondit que d'une manière peu satisfaisante, en se plaignant du mépris que notre siécle fait des anciens, de la décadence des lettres, et de l'inutilité de multiplier les originaux, tandis qu'on ne lit plus Homère, Platon et Démosthène, que dans des versions, je me hâtai de faire un extrait de la doctrine de Phocion. Ce premier essai me donna l'envie de traduire ses Entretiens : la brièveté de l'ouvrage me fit dévorer toutes les difficultés de mon entreprise, et depuis j'ai profité des premiers momens de loisir dont j'ai joui, pour retoucher ma traduction, que je n'avois d'abord songé qu'à rendre exacte et littérale.

Mably, après avoir reconnu que parmi les ci-devant moines Bénédictins, *il y a eu des hommes d'un grand mérite, ce qui a rendu ou plus malheureux, ou plus coupables ceux d'entre eux qui, soit franchement, soit par hypocrisie, ont eu ou ont feint d'avoir les préjugés de la religion, donne ici quelques détails sur le manuscrit qu'il dit avoir trouvé dans une de leurs bibliothèques. Il tâche de nous persuader que cet ouvrage est de Phocion. Il s'est déterminé sans doute à employer cette espèce de ruse, parce qu'il en avoit besoin pour pouvoir dire des verités hardies que le despotisme craignoit, et qu'il arrêtoit le plus qu'il pouvoit, quoiqu'il crût alors, qu'entouré d'esclaves et de baïonnettes, il n'avoit rien à craindre de la part du peuple, qu'il ne croyoit même susceptible ni d'instruction, ni d'énergie.*

Mably, en mettant sur le

compte de Phocion tout ce qu'il n'osoit avoir l'air de dire lui-même, savoit que c'étoit le moyen de donner plus d'autorité à ses discours dans l'esprit du public, et d'effaroucher moins les tyrans qui faisoient peu d'attention à ce qui paraissoit venir des anciens. C'est pour cela qu'il disserte un peu longuement sur les prétendues preuves par lesquelles il voudroit nous persuader que l'ouvrage qu'il publie est originairement Grec, et qu'il n'en est que le traducteur. Il présente ensuite le tableau de l'état des républiques de la Grèce, au temps de Phocion.

Quand Phocion prit part au gouvernement de sa patrie, la Grèce, divisée par ses querelles domestiques, n'étoit plus ce qu'elle avoit été autrefois, lorsqu'unie par les loix de sa confédération, et sous la conduite de Miltiade, d'Aristide, de Thémistocle, de Léonidas, etc. elle humilia l'orgueil des Perses. Les Lacédémoniens, jaloux des grandes choses qu'Athènes avoit faites pendant la guerre Médique, et inquiets des sentimens d'ambition ou de vanité que cette république laissoit voir, n'avoient cherché qu'à lui faire perdre la considération qu'elle méritoit. Les Athéniens, trop fiers de leur côté d'avoir sauvé la Grèce et d'être les maîtres de la mer, ne tardèrent pas à se plaindre de l'injustice de Lacédémone, et lui disputèrent le commandement des armées dont elle avoit joui sans trouble, depuis qu'elle obéissoit aux sages institutions de Lycurgue. Ces deux peuples se firent des injustices et des injures ; la guerre fut enfin allumée entre eux, et dès ce moment l'émulation, qui avoit produit mille vertus chez les Grecs, se convertit en une jalousie qui produisit mille vices. Toutes les républiques de la Grèce prirent part à cette querelle ; elles oublièrent qu'elles avoient la même origine, ne formoient qu'un peuple, et que leur alliance étoit le fondement de leur liberté. On ne connut plus aucune règle, aucun ordre, aucune subordination ; on ne consulta que son ambition et sa vengeance ; et pendant près de trente ans qu'Athènes et Lacédémone se disputèrent l'empire de la Grèce avec opiniâtreté, leurs efforts inutiles, les maux qu'elles se faisoient, leur faiblesse qui en étoit le fruit, rien ne fut capable de les éclairer sur leurs intérêts, et de leur faire sentir qu'elles couroient à leur ruine.

Tout le monde sait la fin malheureuse de la guerre du Péloponèse. Les Athéniens assiégés par mer et par terre, furent enfin obligés de recevoir la loi d'un vainqueur d'autant plus disposé à abuser des droits de la victoire, que ses succès lui avoient coûté plus de peine. Athènes vit détruire ses fortifications, Lysander y abolit le gouvernement populaire; et cette ville, si jalouse et si fière de sa liberté, fut condamnée à obéir à trente tyrans. Trasybule la délivra de ce joug rigoureux; mais des hommes d'abord corrompus par la prospérité, familiarisés ensuite dans la servitude avec les vices les plus bas, recouvrèrent leur premier gouvernement, sans reprendre leur ancien caractère. Le goût des plaisirs et le luxe de quelques citoyens portèrent une licence extrême dans les mœurs. La pauvreté avilit la multitude, et la rendit insolente et séditieuse. L'amour de la patrie fut éteint, l'amour de la gloire fit place à l'amour des richesses, les loix combattues par les mœurs ne conservèrent aucune force, et les magistrats méprisables et méprisés n'eurent aucune autorité.

Les Spartiates, quoique

vainqueurs, ne jouirent pas cependant d'une fortune plus heureuse que les vaincus. En dominant sur la Grèce, ils ne sentoient que leur faiblesse, parce qu'ils avoient renoncé aux principales institutions de Lycurgue. L'injustice, la force et la ruse qu'ils voulurent employer pour affermir et conserver leur empire, ne suppléèrent point à la justice, à la modération, à la bienfaisance, par lesquelles ils avoient autrefois mérité la confiance des Grecs, et étoient devenus les chefs et les arbitres de leur confédération. Chaque ville effrayée de l'ambition des Lacédémoniens, craignit avec raison d'éprouver le sort d'Athènes, si elle vouloit jouir de ses droits. Toute la Grèce s'agita pour secouer le joug ou pour prévenir la servitude; et la puissance de Sparte s'évanouit, dès que les Thébains, qu'elle traitoit moins en sujets qu'en esclaves, se révoltèrent contre sa tyrannie.

On vit Thèbes à la tête des affaires de la Grèce, et l'élévation inattendue d'une république, qui seroit restée dans l'obscurité, si elle n'avoit produit par hasard un Pélopidas et un Epaminondas, fit éclater une révolution préparée par ses vices, et par l'inquiétude générale qui agitoit les Grecs. Il n'y eut point de ville un peu considérable qui ne crût devoir aspirer à la même fortune que Thèbes. Chaque peuple se fit des intérêts à part; il ne subsista plus aucune trace de l'ancienne union; les alliances, jusqu'alors les plus respectées, furent oubliées, et celles qui se formèrent au milieu du trouble et de l'anarchie, n'inspirèrent aucune confiance. La politique, changée en une intrigue frauduleuse, ne servit plus que les passions les plus contraires au bien de la société. C'est dans cette situation déplorable que Philippe surprit la Grèce, en montant sur le trône de Macédoine; et on commençoit déja à redouter son ambition, lorsque Phocion eut avec Aristias les entretiens que Nicoclès nous a conservés.

Cet ouvrage traite de la matière la plus importante pour les hommes. On remonte aux principes fondamentaux de

la

la politique, et on prouve qu'elle ne peut travailler efficacement au bonheur de la société, qu'autant qu'elle est attachée aux règles de la plus exacte morale. Ce ne sont point ici les lieux communs d'un déclamateur, ni les spéculations d'un philosophe séparé des affaires, et qui ne connaît pas les hommes. Ce sont les préceptes d'un sage dont la philosophie ne fut jamais oisive, que l'expérience éclaire, et qui puise dans la nature même de l'homme les principes de la science propre à le gouverner. Phocion commanda presque continuellement les armées d'Athènes. Ses concitoyens le chargèrent de plusieurs négociations de la plus grande importance dans les conjonctures les plus difficiles; et il avoit mille fois éprouvé dans le sénat et dans les assemblées du peuple, que sa république n'étoit faible, chancelante et méprisée, que parce qu'elle n'avoit plus de vertu. Nous avons beau nous être fait une idée toute différente de la politique, la vérité ne changera point au gré de notre ignorance et de nos caprices; si Phocion nous la découvre, rétractons nos erreurs, et tâchons de profiter de ses leçons.

Il seroit téméraire à moi de vouloir écrire ici la vie de ce grand homme; en essayant d'égaler Plutarque, je sens combien mes efforts seroient inutiles. Je me contenterai de rapporter quelques traits de la vie de Phocion, propres à faire connaître ses mœurs et son caractère.

Il passa des écoles que Socrate avoit formées, à l'armée de Chabrias, sous lequel il fit ses premières armes; et tandis que le jeune disciple de Platon apprenoit l'art de la guerre, de ce général habile, mais quelquefois paresseux ou emporté, il lui enseignoit à son tour à commander avec la diligence, l'exactitude et la modération dignes d'un grand capitaine. Chabrias démêla sans peine tous les talens de son élève et de son maître, et à la bataille de Naxe lui confia le commandement de son aîle gauche, qui décida de la victoire.

Athènes n'avoit plus de ces citoyens, à la fois hommes d'état dans la place publique ou dans le sénat, et capitaines à la tête des armées. Les uns se destinoient aux emplois militaires ; les autres aux fonctions civiles, et depuis ce partage, les talens et la république étoient également dégradés. Phocion fit revivre l'ancien usage : réunir les talens, c'étoit en quelque sorte multiplier les citoyens, les ressources de l'état et les grands magistrats. Il croyoit que toutes les connaissances se prêtent un secours mutuel. Il gagna des batailles, traita de la paix, et fut le rival de Démosthène, qui l'appeloit *la hache de ses discours*, et ne craignit que lui de tous les orateurs dont Athènes étoit alors remplie.

En se rendant digne de tous les emplois de la république, Phocion n'en brigua jamais aucun. Quoique sûr de commander les armées, si on faisoit la guerre, il conseilla toujours la paix, et le peuple, à qui il reprocha sans cesse ses vices, tantôt avec force, tantôt avec une plaisanterie fine et piquante, le proclama quarante-cinq fois son capitaine général (*). Il gagna une bataille considérable sur les Macédoniens dans l'Eubée, chassa Philippe de

---

(*) Les guerres de ce temps-là duroient peu; elles coûtoient quelquefois beaucoup de sang. On en étoit prodigue, comme nous sommes forcés de l'être encore. Les peuples libres et pauvres étoient toujours les plus forts. La guerre que nous soutenons contre les tyrans, est bien différente de toutes celles que l'on a jamais vues. Elle est aussi cruelle que dispendieuse, mais elle sera la dernière: nous vaincrons, nous donnerons à la terre une paix éternelle.

l'Hellespont, dégagea Mégare qu'il attacha aux Athéniens, et défit le général Micion qui ravageoit l'Attique. Toujours occupé à réparer les pertes que les autres capitaines avoient faites, et à rétablir, tantôt par sa prudence, tantôt par son courage, les affaires désespérées d'une république toujours trop lente ou trop précipitée dans ses démarches, il ne travailloit pas moins à faire des alliés à sa patrie, qu'à la rendre redoutable à ses ennemis. Les peuples, accoutumés depuis longtems à fuir avec leurs effets les plus précieux, des pays dont les armées d'Athènes approchoient, les voyoient traverser leurs terres sans terreur, lorsque Phocion les commandoit; elles sembloient en effet reprendre leur ancien esprit, en marchant sous les ordres de ce nouvel Aristide. On venoit au-devant de lui en habits de fête, et avec des couronnes de fleurs; on lui apportoit des rafraîchissemens. Il rendoit les soldats aussi humains que braves; sa vertu étoit le gage de la sûreté et de la foi publiques; aucune ville, aucun port ne lui étoit fermé.

Phocion avoit dans Athènes corrompue, les mœurs simples et frugales de l'ancienne Lacédémone. Né avec une fortune très-médiocre, sa pauvreté lui étoit chère. Il regarda les richesses comme un fardeau incommode pour le sage qui sait s'en passer, et comme un écueil pour la vertu qui n'est pas parvenue à les mépriser.

Il refusa constamment les dons qu'Alexandre et Antipater voulurent lui faire. Condamné, comme Socrate, par une assemblée du peuple, à boire de la ciguë, il n'eut pas de quoi payer le poison qu'on lui préparoit : *Puisqu'il faut acheter la mort à Athènes*, dit-il à un de ses amis, *acquitte-moi de cette dette, et donne douze drachmes à l'exécuteur.*

Lui seul fut tranquille dans cette assemblée tumultueuse qui le condamna, et dont on n'exclut ni les esclaves, ni les étrangers, ni les hommes notés d'infamie. Les gens de bien n'y portèrent que leur consternation. Découragés par un spectacle si propre à intimider la vertu, s'il ne lui inspiroit un généreux désespoir, ils gémirent et baissèrent les yeux, en voyant Phocion accusé et chargé de fers. Nous reprochons à nos pères la mort de Socrate; la postérité, durent-ils dire, nous reprochera éternellement celle de Phocion. Nous ne le jugeons pas, nous l'assassinons. Malheureux Athéniens! quel sort funeste nous attend, puisque c'est là le prix que nous gardons à la vertu!

En allant à sa prison, après avoir entendu son jugement, Phocion, dit Plutarque, conserva le même visage que quand il sortoit de l'assemblée de la place, aux acclamations du peuple, pour aller se mettre à la tête de l'armée, ou qu'il reparaissoit dans le sénat, après avoir vaincu les ennemis. Il eut la générosité de pardonner sa mort à ses concitoyens, et ordonna à son fils de ne jamais penser à le venger. Les Athéniens ouvrirent bientôt les yeux sur leur injustice, et connurent la perte qu'ils avoient faite. Ils allèrent chercher à Mégare les cendres d'un homme à qui ses ennemis avoient fait refuser les honneurs de la sépulture dans l'Attique. On lui éleva un tombeau et une statue aux dépens de la république, et on fit mourir ses accusateurs, ou du moins leur chef Agnonides.

Nicoclès qui nous a conservé la doctrine de Phocion, fut condamné avec lui à boire la ciguë. Cet ami tendre et fidèle ne vit dans cette affreuse catastrophe que l'horreur d'être témoin de la mort de Phocion, et le conjura de lui permettre de boire le poison avant lui : *Mon cher Nicoclès*, lui répondit Phocion, *ta demande me déchire le cœur; mais puisque je n'ai jamais rien refusé à ton amitié, je veux bien te faire encore ce dernier sacrifice.*

DISCOURS

Où l'on expose, d'après les principes de Mably, les moyens généraux de former et de soutenir une république.

Il n'y a rien dans l'histoire d'aussi étonnant, d'aussi admirable que notre révolution. Mais ce que les races futures ne pourront croire, c'est qu'elle se sera consolidée malgré le succès avec lequel nos ennemis auront su nous priver de pain, sans avoir pu nous faire renoncer à la liberté, et qu'ils auront empêché la régénération de nos mœurs, sans que cela ait diminué notre soumission aux loix

loix que nous avons adoptées. Ces deux événemens devront paraître également incroyables. On n'a jamais vu les loix conserver tout leur empire chez un peuple dont les mœurs sont très-dépravées. Ce phénomène existe parmi nous; mais il ne peut durer long-temps si la révolution morale ne se fait point parallèlement avec la révolution politique : or, il s'en faut de beaucoup qu'elle la suive dans ses progrès. N'est-il pas affreux, par exemple, que nous ne renoncions pas encore tout-à-fait au luxe, à l'oisiveté, aux spéculations qui augmentent les fortunes particulières au détriment du trésor public? N'est-il pas affreux que des scélérats, entraînés par l'avarice, par l'ambition, veuillent s'approprier tous les honneurs, toutes les richesses, et qu'ils ne puissent reconnaître leurs erreurs, leurs crimes, qu'au moment où le glaive de la loi va les frapper ?

Si ces malheureux avoient lu et médité les excellens ouvrages de Plutarque, de Mably, de Rousseau, etc. ils auroient appris que l'on est encore plus son propre ennemi que celui de la république, quand on ose la trahir, ou même quand on ne fait pas tous ses efforts pour la rendre heureuse.

Quand il ne nous resteroit, sur les moyens d'organiser, de soutenir, de faire prospérer une république, que le seul traité à la tête duquel je place ce discours pour y servir d'introduction, je crois que ce traité seul, en supposant que nous en suivissions fidèlement les principes, suffiroit pour assurer notre bonheur.

Si Mably vivoit encore, si du moins il avoit vu le commencement de notre révolution, à laquelle Rousseau et lui ont le plus contribué, il auroit, je crois, eu envie de changer son prénom en celui de Phocion qu'il méritoit si bien. Il n'avoit pas, comme lui, commandé des armées, il en étoit peu capable; mais ce qui vaut bien mieux pour la France, qui, même sous l'empire du despotisme, n'a jamais manqué de héros, il a écrit des ouvrages politiques, supérieurs à ceux de ce guerrier philosophe.

Notre vieille et absurde monarchie étoit aussi corrompue,

et par l'effet nécessaire de cette corruption, aussi près de sa ruine du temps de Mably, que l'étoit Athènes du temps de Phocion. Ces deux grands hommes ont déploré la chûte inévitable de l'une et de l'autre. Mais la république d'Athènes devoit tomber pour ne se relever jamais, parce qu'elle avoit d'une part de puissans ennemis et peu de forces à leur opposer; et que de l'autre, ayant sacrifié au luxe, à la dépravation des mœurs, les vertus qu'elle avoit reçues de ses pères, il étoit impossible qu'elle sortît de l'abîme qu'elle avoit elle-même creusé sous ses pas. On ne verra jamais un peuple passer de l'heureux état républicain à un autre gouvernement, sans qu'il périsse dans cette funeste traversée. Une république ne se soutient, ne prospère qu'en s'élevant toujours à la justice la plus sévère, à la franchise, à la véracité la plus inébranlable; si elle s'affaiblit, si elle se relâche, elle est perdue. D'après ce principe, Phocion devoit tout craindre pour Athènes, et l'événement a justifié ses craintes.

Celles de Mably pour la monarchie Française étoient aussi fondées que celles de Phocion pour la démocratie Athéniène. Mais Mably avoit de quoi se consoler par cette observation qui ne pouvoit pas échapper à un homme aussi pénétrant que lui. « Voilà une cour où règnent » tous les vices, tous les cri- » mes : voilà une capitale qui » s'honore de la prendre pour

» modèle. Les habitans des » provinces viennent en foule » s'imprégner des miasmes con- » tagieux de la ville et de la » cour, et les portent dans » leurs foyers : il faut donc » qu'il y ait bientôt en France » ou une révolution qui lui » donnera une forme nou- » velle, ou une subversion to- » tale qui l'anéantira. Le peu- » ple Français est trop instruit » par les écrivains qui, comme » moi, s'occupent de son bon- » heur, pour qu'il s'expose à » cette subversion ; il aura, » au contraire, la sagesse et » le courage de commencer, » de soutenir, d'achever une » révolution à laquelle il de- » vra sa liberté. »

Les ouvrages de Mably at- testent que c'étoit-là ce qu'il

pensoit, et que c'étoit-là ce qui lui faisoit trouver des douceurs dans la solitude où il fuyoit et le *beau monde* qui ne mérite pas d'être recherché, et une certaine classe d'hommes de lettres ses vils esclaves, qui ne valent pas mieux que lui. Il ne voyoit par-tout que fourberie, que bassesse, que corruption; il se retiroit avec les seuls amis qui lui convinssent, avec les plus vertueux républicains de la Grèce et de Rome. C'étoit parmi eux qu'il s'enflammoit pour sa patrie, qu'il accéléroit par ses vœux, et bien plus encore par la solidité, l'éloquence et l'énergie de ses ouvrages, l'heureux moment de notre révolution; c'étoit-là que dans un entretien qu'il supposoit avoir lieu entre Nicoclès et Cléophane ; il faisoit dire au premier : « Que n'es-tu avec Phocion et » moi ! nous parlons de l'amour » de la patrie et de la liberté, » qui ne vit plus que dans le » cœur de trois ou quatre ci- » toyens ; nous regrettons cette » ancienne simplicité qui ser- » voit de rempart aux bonnes » mœurs ; nous gémissons sur » la jouissance de ces faux » plaisirs après lesquels nous » courons, et qui ne nous pré- » parent que des malheurs. » *Que n'es-tu avec Phocion et moi ! — nous gémissons !* ... Il y a bien de la force et bien de la sensibilité dans ce mot. Les seules ames de la trempe de celle de Mably, peuvent éprouver qu'il est aussi doux de gémir sur les maux de la république, en y cherchant du remède, en se dévouant pour elle, qu'il est affreux d'envahir ses richesses, de la déchirer par des guerres intestines ou étrangères, de boire le sang du peuple ; en un mot, de faire ce que l'on faisoit à Athènes, sous le règne de Pisistrate, à Rome, sous celui d'Auguste, chez nous depuis plusieurs siècles; et ce qui y arrivera encore quelquefois, jusqu'à ce que la richesse soit devenue un opprobre et même un crime.

Si l'éloge de Mably étoit l'objet de ce discours, je répandrois volontiers quelques fleurs sur sa tombe; ce devoir est en même temps triste et agréable à remplir, c'est un tribut de reconnaissance que tous les gens de bien aiment à lui payer ; mais je ne saurois rien ajouter à ce qu'ont déja dit de cet homme célèbre, deux hommes de lettres très-estimables, Brizard et l'auteur de la Philosophie de la Nature. Je ne le louerai qu'en faisant sentir tout le prix, tout le mérite de ses *Entretiens de Phocion*, à ceux de mes lecteurs qui ont, (je ne crains pas de le dire) le malheur ou de ne les pas connaître, ou de ne pas les savoir apprécier.

Quand on a lu et médité cet ouvrage, on est persuadé que nous n'aurons jamais une vraie république, si nous ne lui donnons pour base les mœurs, les vertus ; et que si au contraire nous sommes assez heureux pour l'établir sur cet immuable fondement, nous forcerons par notre exemple tous les peuples à être heureux. Tous les rois seront alors obligés ou à le devenir aussi en s'échappant des griffes des nobles et des prêtres, leurs valets, et se jetant dans les bras des citoyens leurs frères. C'est alors qu'ils éprouveroient qu'*on ne peut être mieux qu'au sein de sa famille*; mais il ne sera pas possible de les élever jusqu'à la hauteur de cette morale, qui n'a cependant rien de plus qu'humain.

Les Entretiens de Phocion qu'il faudra que nos enfans sachent par cœur, prouvent ce que je viens de dire; ils sont aussi le développement des vérités que voici. « La » morale est le seul appui de » la politique. La probité, la » franchise est aussi nécessaire

» de nation à nation, que d'in-
» dividu à individu; les vertus
» ne se conservent qu'à l'abri
» de la simplicité des mœurs,
» et sans vertu le bonheur est
» impossible; les vertus les
» plus obscures sont aussi né-
» cessaires au soutien et à la
» prospérité d'un peuple, que
» les vertus les plus éclatantes.
» Les arts agréables, sans en
» excepter l'art dramatique (*),
» doivent être cultivés avec
» soin, parce qu'ils peuvent
» être utiles quand ils sont bien
» dirigés. Il faut que des ré-
» publicains, s'ils veulent être
» invincibles au-dehors, et

(*) *Sans en excepter* paraîtra un mot un peu dur aux amateurs de nos spectacles, tels qu'ils sont encore; je leur réponds d'une manière propre à concilier tous les partis, dans un ouvrage intitulé; *L'Antiquité renaissante.*

sur-tou

» sur-tout au dedans où leurs
» ennemis sont d'autant plus
» à craindre, qu'ils sont plus
» cachés, il faut qu'ils soient
» enflammés de l'amour de la
» patrie, de la gloire, du tra-
» vail; qu'ils aient horreur de
» l'intempérance; que chacun
» d'eux érige dans son cœur un
» tribunal où il se juge sévère-
» ment lui-même. »

Je pourrois borner à ce peu de mots l'analyse de l'excellent ouvrage de Mably. C'est dans l'ouvrage même qu'il faut voir l'exposition et les preuves de tout ce que je viens seulement d'indiquer. Ces preuves nous seront fort nécessaires, car nous avons sur tout cela beaucoup de préjugés à vaincre. Quelques-unes, par exemple, de nos citoyennes, je veux dire de celles qui le sont moins qu'elles ne devroient l'être, y apprendront qu'une nouvelle parure inventée par les femmes, peut faire plus de mal dans la République qu'une sédition du peuple (*), et Phocion leur paraîtra avoir dit une sottise. Elles en jugeront tout autrement quand elles connaîtront l'énorme différence d'une République naissante et encore toute couverte de la lèpre du despotisme, à une République

(*) Cette pensée que le luxe et la frivolité traiteront de paradoxe, se trouve dans le *III. Entr.* Elle est susceptible de démonstration, malgré tout le ridicule que croiront y voir les *Muscadines* des deux sexes; elles la jugeront mieux, si elles veulent bien jeter, au moins nonchalamment, les yeux sur ce que j'en dis dans l'*Antiquité renaissante.*

depuis long-temps établie. Que cette dernière souffre la moindre tache dans sa constitution, il en peut résulter pour elle les plus grands maux ; ainsi dans un ciel pur, un léger nuage devient souvent l'indice et la cause d'un orage affreux. Supposons, au contraire, un climat où règnent depuis long-temps les plus violentes tempêtes, et qu'à la suite de la dernière dont il vient d'être frappé, il éprouve encore quelques coups de vent, quelques commotions dans l'atmosphère, on ne doit pas s'en alarmer, parce que le plus pressant danger n'existe plus, et que l'on n'en craint pas le retour. C'est ce qui nous arrive aujourd'hui. Une nouvelle calamité, un nouveau manége de coquetterie, un nouvel attentat contre les mœurs, n'ajoutent pas beaucoup à la somme des maux dont nous sommes encore accablés ; nous en détruisons tous les jours les causes, et nous saurons enfin nous en délivrer. Mais quand nous serons parvenus au point de perfection vers lequel nos législateurs nous conduisent, ce sera alors que le moindre vice pourra nous devenir funeste ; ce sera alors que nous devrons craindre un acte d'injustice, ou de débauche, ou de luxe, ou de cupidité qui n'aura pas été puni sur-le-champ par une censure publique ; ce sera alors que nous devrons craindre une nouvelle frivolité que le même moyen coërcitif n'aura pas su réprimer. Alors aussi (et c'est-là ce qui nous préservera de tout danger), alors aussi une bonne éducation aura tari la source des vices qui se montrent moins aujourd'hui qu'autrefois, mais qui n'en sont que plus actifs et plus perfides; alors aussi le respect pour les mœurs, qui sera devenu la sauve-garde des vertus, déterminera les femmes à ne plus s'enlaidir pour paraître jolies; elles le seront par les seules grâces que leur a donné la nature; elles substitueront une honorable chasteté à une vaine et ridicule pudeur, masque hypocrite qui trompe à peine les moins clairvoyans.

Si je me permettois d'autres détails sur les importans objets que je viens d'effleurer, ils m'entraîneroient loin et il faut les lire, comme je l'ai dit plus haut, dans l'ouvrage même de Mably, où ils sont traités de main de maître. Je vais seulement faire quelques observations sur plusieurs articles de ses Entretiens.

Les interlocuteurs sont, Phocion, Nicoclès, son disciple et son ami, et Aristias, jeune Athénien, d'abord aussi présomptueux, aussi fat que le sont encore beaucoup de nos jeunes gens, mais qui finit, comme ils finiront, sans doute, par profiter des sages avis de Phocion. Nicoclès écrit à Cléophane, disciple du même philosophe; il lui fait parvenir le résultat de leurs entretiens. C'est en le lui envoyant, qu'il dit ce mot si mélancolique et si touchant que j'ai déja cité:

Que n'es-tu avec nous, mon cher Cléophane, nous parlons de l'amour de la patrie ; nous gémissons sur la jouissance de ces faux plaisirs après lesquels nous courons, etc.

Les endroits de l'ouvrage de Mably, qui ont besoin d'être interprétés ou modifiés, sont en très-petit nombre ; je vais les parcourir. Il m'arrivera aussi de m'arrêter sur quelques autres de ses pensées, uniquement pour montrer combien elles sont admirables.

« Depuis que les vices, dit » Nicoclès, ont infecté l'ame » de nos concitoyens, et que » des guerres implacables ont » succédé aux querelles passa» gères qui troubloient autre» fois la Grèce sans la diviser, » je crois ne voir de tous côtés

» que de funestes présages
» d'une servitude prochaine,
» et je vais chercher de la con-
» solation dans les entretiens
» de Phocion. » *Voyez Entr. I.*

Les mœurs des anciens Grecs avoient été grossières et même barbares ; mais cela n'excluoit pas les vertus et le bonheur que doit produire le gouvernement populaire. On se querelloit, on s'échauffoit ou sur les principes des loix, ou sur leurs formes, ou sur les moyens de les exécuter, et on finissoit par s'entendre, sur-tout lorsqu'il falloit se réunir contre les ennemis, soit du dedans, soit du dehors. Tout cela nous arrive aussi, quoique nous nous piquions de plus d'urbanité et de douceur que n'en avoient les Grecs du temps de Thésée, fondateur de l'une de leurs Républiques. Mais ce qui, dans le siècle de Phocion, a entièrement perdu ces mêmes républiques, alors parvenues au comble d'une injuste prospérité, d'une fausse gloire, c'est qu'elles eurent tous les vices qui devoient découler de ces deux sources empoisonnées. C'est alors aussi que l'on vit succéder les *guerres implacables* de l'ambition aux *querelles passagères* qui avoient eu lieu sous le règne de la simplicité, et qui avoient quelquefois relâché un peu les liens de l'union fraternelle, sans les avoir jamais rompus.

Ces malheureuses Républiques qui finirent par se déchirer, par s'entre-détruire, par être la proie des conquérans, elles existeroient encore, elles auroient résisté à la terre entière, si elles avoient conservé leurs vertus, si elles avoient su vivre en paix avec leurs voisins et leurs alliés, si elles avoient continué de mériter leur amitié, leur estime, leur confiance. C'est la fureur d'agrandir chacune son territoire et de se rendre célèbre par des conquêtes, qui les a perdues.

Il y avoit aussi dans leur gouvernement un vice radical que n'aura jamais le nôtre; elles ne tenoient pour ainsi dire point ensemble, elles n'étoient que fédérées. Cette mauvaise constitution est aujourd'hui celle des cantons Suisses que l'indivisibilité rendroit beaucoup plus libres et plus heureux qu'ils ne le sont. Il seroit à desirer pour des États-unis d'Amérique qu'ils eussent aussi le même gouvernement que nous ; mais ils l'ont organisé de la manière qui leur a paru la plus convenable pour eux, et ils se sont fait des loix si sages, qu'ils sont sûrs de transmettre à leurs enfans un bonheur immuable, pourvu que ceux-ci imitent leurs vertus, et que sur-tout la seule idée de vouloir jamais devenir conquérans, leur fasse horreur.

Ce qui a empêché les Républiques Grèques de s'unir dès leur origine, et ce qui a ensuite continué de les retenir dans cet état d'isolement, c'est qu'elles se sont formées l'une après l'autre, et chacune d'elles a voulu suivre les loix qu'elle s'étoit faites ou qu'elle avoit adoptées : il n'eût pas été difficile de concilier tout cela, si on avoit eu les grandes vues politiques et les grands moyens de gouvernement que nous avons aujourd'hui; mais on en étoit bien éloigné, puisque même on ne croyoit pas qu'il fût possible d'établir l'ordre et d'assurer le règne des loix dans une nation composée de plus de 45 mille hommes. *Voilà 3.e remarque sur le IV.e Entretien.*

Il est bien vrai que moins une cité est nombreuse, plus il est aisé d'y maintenir les mœurs et les loix; mais il est vrai aussi que des législateurs capables de vastes conceptions et sachant organiser les administrations publiques, leur donner toute l'activité possible, faire régner entre elles l'harmonie, peuvent gouverner un

peuple

peuple immense, avec la même facilité qu'une seule famille. Prenons ici la Nature pour objet de comparaison, car elle doit toujours nous servir de modèle et de guide. Tous les globes, les uns obscurs, les autres lumineux, dont est composé l'univers, ayant reçu une première impulsion qui les fait graviter les uns sur les autres, s'attirer, se repousser dans leurs orbites respectifs, se soutiennent dans cet ordre, dans cet équilibre éternel, plus aisément que ne le feroit la machine la plus simple. Eh bien, il en est de même du gouvernement de 26 millions d'hommes, pourvu qu'on les sous-divise en petites parties qui se correspondent, qui se communiquent, qui agissent et réagissent sans cesse les unes sur les autres.... Je ne crains ni d'un côté de déprécier les astres, ni de l'autre, de faire trop d'honneur à notre organisation politique, en disant que nos départemens représentent les systêmes planétaires; nos districts, les planètes; et que les cantons et les communes sont les grands et petits segmens de ces mêmes planètes.... Les *merveilleux* de l'ancien régime trouveront cette image un peu gigantesque, ils la trouveront ridicule, et non-seulement cette crainte ne me fera pas supprimer ce que je viens de dire, mais j'y ajouterai au contraire un trait qui leur déplaira encore plus, c'est-à-dire que je nommerai les intelligences célestes qui règlent les majestueux et inaltérables mouvemens de *l'univers français* et des 86 assemblages d'astres qui le composent. Oui, ces sublimes moteurs à qui nous devons notre nouvel être, notre aptitude à parcourir une carrière de gloire immortelle, sont sur-tout J. J. Rousseau, Mably, Lepelletier, Marat... J'y ajouterois volontiers ceux qui vivent encore; *mais*, comme dit La Fontaine, *attendons la fin*; voyons s'ils résisteront aux coups répétés de la séduction.

La promptitude et la justesse des mouvemens du corps politique tenant à l'harmonie des parties qui le composent, il faut que celles-ci, dans leurs divisions et sous-divisions, ne soient ni séparées ni indépendantes les unes des autres, car cela ralentiroit et pourroit même arrêter totalement la marche de l'ensemble. On peut regarder comme le centre et le foyer d'activité de notre gouvernement révolutionnaire, les comités que la convention charge spécialement de lui faire des rapports sur les finances, la sûreté générale, l'instruction et le salut publics; ce dernier comité sur-tout nous sauvera, comme le porte son nom : il a déja, par son énergique influence, détourné de nous les malheurs qui nous menaçoient, et réparé ceux que nous nous étions attirés par trop de bonne foi, et par trop de confiance en des hommes qui en étoient indignes.

La comparaison que je viens de faire entre les Républiques

Greques et la nôtre, m'ayant engagé dans de plus longs détails que je ne l'aurois cru, j'abrégerai mes réflexions sur le reste de l'ouvrage auquel ce discours doit être joint.

Aristias vient demander à Phocion son amitié et lui offrir la sienne, à laquelle il attache beaucoup d'importance; il lui fait de belles phrases sur les moyens de rétablir la prospérité d'Athènes dont il se garde bien d'attribuer les malheurs au luxe, à l'oubli des devoirs, à la licence, à la corruption des mœurs, au goût effréné pour les arts frivoles et pour les spectacles qui n'amusent que l'oisiveté. Il étoit bien loin de croire que ces avantages qui, selon lui, rendoient la République d'Athènes si supérieure à toutes celles qui l'environnoient, pussent accélérer sa ruine.

Phocion sourit, il montre au jeune homme le défaut du premier raisonnement par lequel il a commencé à s'égarer, et renverse d'un mot chacun des autres. Le disciple des sophistes se retranche, et quoique déja vaincu par la force de la vérité, il veut résister encore. Sa vanité humiliée se relève et lui fournit des armes. Il est d'ailleurs persuadé de bonne foi que ses maîtres de morale ont été très-conséquens lorsqu'ils lui ont dit que la Nature faisant éclore en nous les passions avant la raison, elle veut que nous commencions par nous soumettre à leur agréable empire, et que nous n'écoutions la raison toujours sévère, toujours triste, qu'après nous être livré aux plaisirs, qu'après avoir joui de tous les charmes du printems de la vie.

Phocion lui laisse bâtir ce *système* d'inconséquences, d'absurdités, que bientôt il renverse d'un souffle; il lui prouve sur-tout, mais par degrés et avec l'ascendant de la sagesse, de la vertu, sur l'impéritie, sur l'immoralité, que le bonheur est dans le calme, et que celui-ci est nécessairement détruit par les passions. Il lui prouve combien on est heureux d'écouter de bonne heure la raison, qui, en les dirigeant, sans les éteindre, les tourne à notre avantage.

Tout ce que Phocion dit là-dessus à Aristias, il te le dit

aussi, malheureux jeune-homme qui vas lire cet ouvrage, et qui t'es peut-être égaré beaucoup plus que lui. Puisse-tu, comme lui, profiter des lumières d'un grand homme qui t'invite à ouvrir les yeux, et qui veut te faire appercevoir les précipices qui t'environnent dans les funestes sentiers que tu suis avec une aveugle sécurité!

Les passions sont les ennemies des mœurs; car celles-ci ne peuvent subsister qu'avec des goûts simples, qu'avec des affections vertueuses, telles que l'amour de la frugalité, de l'ordre, du travail, de la tranquillité; ce qui ne convient nullement aux passions, toujours extrêmes, toujours ardentes, toujours inquiètes, toujours insatiables.

Un peuple, de quelque manière qu'il soit gouverné, si l'on sait réprimer ses passions et lui donner des mœurs, est nécessairement heureux. Il est cher à ses alliés qui ont intérêt à le défendre, parce qu'ils ne craignent ni qu'il manque à les secourir, ni qu'il viole aucun de ses traités avec eux; il est redoutable à ses ennemis, plus encore par ses vertus que par son courage. L'empire des mœurs est si puissant, que la prospérité d'un état même despotique où on les respecteroit, seroit plus assurée, plus constante que celle d'une République où elles seroient dépravées, quand même elle auroit d'ailleurs les meilleures loix.

Phocion étonne beaucoup Aristias par cette espèce de

paradoxe, qu'il lui démontre aussitôt, en lui citant un fait auquel il n'y a rien à répondre. Suivons-le dans ce récit; mais ne laissons pas échapper une observation essentielle que Mably a oublié de mettre dans la bouche du philosophe qu'il fait parler.

Les rois d'Egypte, dit Phocion, *Entretien II*, avoient une puissance absolue, dont ils n'abusèrent jamais tant qu'ils eurent des mœurs; et le peuple qui espéroit qu'ils en auroient toujours, fut heureux, du moins pendant quelques siècles qu'ils en eurent. Voici comment on leur en faisoit naître l'habitude et le goût. Ils étoient obligés [et certainement jamais étiquette (*) ne fut aussi sage]; ils

(*) On appelle *étiquette*, dans les cours,

étoient obligés par la loi qu'ils s'étoient imposée, de se lever tous les jours de bonne heure, d'aller au temple, de rentrer dans leur palais pour y étudier les principes de la morale, pour y écouter les plaintes, les représentations, et rendre la justice. Un repas très-frugal où le vin étoit mesuré, suivoit ce travail; on se promenoit ensuite, *mais on ne chassoit pas*. Le roi n'avoit pas non plus le temps, et ne pouvoit guère

---

certaines pratiques, certains usages plus ou moins ridicules que l'on observe religieusement, tandis que l'on enfreint avec une criminelle audace toutes les loix de la nature et de la société. J'ai cru devoir dire dans cette note ce que c'est qu'*étiquette*; nos dictionnaires n'en parleront bientôt plus que comme d'un mot hors d'usage, dont nous ne devons nous souvenir que pour nous féliciter de ce que la chose qu'il signifie n'existe plus.

avoir envie de connaître d'autre femme que la sienne ; c'étoit même la loi qui régloit les heures où il lui étoit permis d'entrer dans son appartement. Ses mœurs ne pouvoient être corrompues, parce qu'on éloignoit de lui tout ce qui auroit pu les corrompre, et que surtout, au lieu d'être obsédé par de vils courtisans, il étoit toujours accompagné des plus sages vieillards de son royaume.

Si tant de sévérité et de régularité avoient pu durer toujours, les peuples et les rois d'Egypte auroient toujours été heureux. Mais il est dans la constitution, dans la nature de la monarchie, que tôt ou tard les rois deviennent injustes et les peuples esclaves. En effet, tôt ou tard un jeune étourdi, un flatteur

flatteur trouve moyen de dire au prince qu'il est la dupe des pédans, qu'il faut secouer ce joug importun, et prouver que l'on est le maître ; qu'il est ridicule d'imiter le sot Idoménée, qui, se laissant régenter par le moraliseur Mentor,

. . . . Parvint à faire
De son royaume un séminaire. (*)

L'Elève de Minerve, ou *Télémaque travesti.*

(*) Rien n'étoit plus inutile et même plus nuisible à la société que les séminaires, que les pépinières de prêtres ; mais si on y avoit mieux employé le temps, si on s'étoit attaché à faire de ces jeunes gens, des hommes et des citoyens, les maisons où on les formoit auroient pu être des modèles de gouvernemens. Sparte, Athènes, Rome, dans le peu de siècles où elles ont eu des mœurs, étoient régies comme des *séminaires*, et n'en valoient que mieux et n'en étoient que plus heureuses.

Ce raisonnement et quelques autres de la même force, aidés de l'orgueil, de l'amour-propre de celui qui les écoute, suffisent pour l'entraîner, et dès-lors les vices, les crimes entrent par toutes les portes dans le palais. Qu'il n'y ait donc bientôt plus ni palais ni rois; que les hommes sachent enfin être libres et se gouverner eux-mêmes; qu'ils se souviennent que pour un Marc-Aurèle, pour un Titus, il y a vingt Néron, vingt Caligula. C'est cette observation que j'ai dit plus haut que Phocion auroit dû faire à Aristias en lui parlant des rois d'Egypte.

Je n'appellerai plus ici l'attention des lecteurs que sur un seul article de cet excellent ouvrage; car on s'arrêteroit à chaque paragraphe, si on vouloit s'arrêter à tout ce qu'il offre d'admirable.

Phocion ne parle à Aristias de l'amour de la patrie, qu'après lui avoir parlé de la tempérance, de l'amour du travail, de l'amour de la gloire et du respect pour les Dieux (*). Il lui

(*) Dans la suite de l'ouvrage intitulé : l'*Antiquité renaissante* (•), j'expliquerai comme il me paraît que l'on doit entendre ce que Phocion dit ici du respect pour les dieux. Je tâcherai de concilier les opinions les plus raisonnables sur la divinité, et je parviendrai, peut-être, à prouver que le voile imposteur des religions étant enfin déchiré, il doit nous être facile de nous renfermer à cet égard dans les justes limites de la vérité.

(•) On trouve des exemplaires de l'*Antiquité renaissante* chez les citoyens FAVRE, maison Egalité, et chez CHARON, passage du Théâtre Feydeau, chez lesquels se vend aussi le présent ouvrage.

dit ce qui l'a déterminé à suivre cet ordre, et la raison qu'il en donne est bien satisfaisante, bien d'accord avec la saine logique et la parfaite morale dont il ne s'écarte jamais. « Comment l'amour de la patrie » existeroit-il dans un état où » il n'y auroit ni tempérance, » ni amour du travail, ni amour » de la gloire, ni respect pour » les Dieux ? Le citoyen, occupé de lui seul, s'y regarde » comme un étranger au milieu » de ses concitoyens. Dans une » République, au contraire, où » ces vertus sont cultivées avec » soin, l'amour de la patrie y » naîtra de lui-même, et produira, sans secours, des » fruits abondans. » *Entr. IV.*

Le développement des causes qui produisent en nous l'amour

de la patrie, conduit Phocion à parler d'une autre vertu plus sublime encore, et qui est l'expansion, le complément de celle-ci, je veux dire l'amour de l'espèce humaine toute entière. C'est là que s'abandonnant à toute sa sensibilité, il demande pourquoi les hommes ne sont pas une seule famille; cette réunion pour laquelle il fait les vœux les plus ardens, cette réunion que mille nouveaux obstacles ont toujours rendue impossible, s'opérera enfin par l'expulsion des tyrans, par l'anéantissement du fanatisme, et par les rapides progrès des lumières.

L'auteur de la *Philosophie de la Nature*, dans un discours d'un style fort agréable, qu'il a mis à la tête des *Droits et des Devoirs du Citoyen, par Mably*, paie à cet homme célèbre le tribut de louanges et de reconnaissance que lui doivent tous ceux qui savent apprécier ses ouvrages. Je pense avec lui qu'il faudroit accorder aux cendres de Mably les honneurs du Panthéon; aujourd'hui sur-tout que l'on a épuré ce temple, c'est-à-dire, que l'on en a rejeté les cendres de Mirabeau. Il seroit aussi à desirer que dans la salle des représentans du peuple on mît la figure de Phocion à la place de celle de Demosthène qui avoit plus d'éloquence que de vertus, plus d'ambition que de civisme; et qui étoit moins ennemi qu'il ne le paraissoit du tyran de la Macédoine.

Je ne me suis permis dans cette édition, ni de changer, ni d'altérer en aucun endroit le texte de Mably; j'y ai seulement fait quelques observations que j'ai resserrées le plus qu'il m'a été possible dans des notes.

J'ai substitué le TU fraternel et républicain, au fade et rampant VOUS, qu'il falloit employer du temps de Mably. Nous rougirons enfin de cette manière de parler qui est aussi contraire à la franchise, à la cordialité, qu'à la grammaire.

Cette nouvelle édition va être faite avec grand soin, et comme le mérite un aussi bon ouvrage. Le Libraire qui l'entreprend veut la rendre encore plus intéressante, en l'ornant du portrait de *Phocion*.

ENTRETIENS DE PHOCION,

Sur le rapport de la Morale avec la Politique.

PREMIER ENTRETIEN.

Idée générale de la situation d'Athènes et de la Grèce, quand Phocion instruisit Aristias. Que la politique est une science dont les principes sont fixes. Sa première règle est d'obéir aux loix naturelles. L'autorité que les passions usurpent, est la source de tous les maux de la société. La politique doit les soumettre à l'empire de la raison.

NE désespère pas du salut de la patrie, mon cher Cléophane,

Athènes n'a point encore perdu la protection de Minerve, puisqu'elle possède Phocion. Peut-être nos citoyens ne sont-ils pas assez dépravés pour mépriser constamment sa philosophie : si nous la consultions, nous ressemblerions bientôt à nos pères ; nous verrions bientôt renaître des Miltiade, des Aristide, des Thémistocle, des Cimon, et une République digne de ces grands hommes.

Pénétré de douleur à la vue des vices qui ont infecté l'ame de nos citoyens, et des guerres implacables qui ont succédé aux querelles passagères qui troubloient autrefois la Grèce sans la diviser (1), je crois ne voir de tout côté que de funestes présages d'une servitude prochaine, et je vais chercher de la consolation dans les Entretiens de Phocion. Mon cœur épanche dans le sien ses craintes et ses chagrins. Il n'y a, me dit-il, que les Dieux qui soient immortels; les Empires, les Républiques se forment, s'élèvent, et leur prospérité même, dont ils abusent toujours, est toujours le signe de leur décadence. (*) Ouvrage des hommes, ils portent l'empreinte de leur faiblesse; ils sont sujets, comme eux, aux maladies, à la caducité et à la mort.

(*) Si nous savons joindre à nos excellens principes de gouvernement, la simplicité de mœurs des Spartiates, sans leur injustice à l'égard des Ilotes, et sans quelques autres vices essentiels, notre République *n'abusera jamais de sa prospérité*, et elle n'aura à craindre *ni les maladies, ni la mort.*

Nous aurions dû naître toi et moi dans des temps plus heureux ; il est doux de voguer sur les mers, quand un vent favorable agite mollement les vagues, et que le pilote lit sa route dans un ciel serein : mais ne murmurons point contre l'ordre éternel des choses, qui ne nous a pas destinés à ce bonheur. Au milieu d'une mer orageuse et couverte d'écueils, nous devons, s'il est possible, espérer contre toute espérance, et ne pas abandonner lâchement la manœuvre du vaisseau. Mon cher Nicoclès, me dit Phocion, il n'est jamais permis de désespérer du salut de la République ; aux plus grands désordres opposons une plus grande sagesse ; aux plus grands périls opposons un plus grand courage ;

rage ; attendons des miracles de la part des Dieux, et peut-être en ferons-nous. La République peut périr ; mais la consolation d'un bon citoyen, en s'ensevelissant sous ses ruines, c'est d'avoir tout tenté pour la sauver.

Que n'es-tu avec nous, mon cher Cléophane ! Nous parlons de l'amour de la patrie et de la liberté, qui ne vit plus que dans le cœur de trois ou quatre citoyens ; nous regrettons cette ancienne simplicité qui servoit de rempart aux bonnes mœurs ; nous gémissons sur la jouissance de ces faux plaisirs après lesquels nous courons, et qui ne nous préparent que des malheurs. Phocion, lui disois-je hier, je ne suis pas étonné que nos triomphes dans le cours de la guerre Médique, nous aient inspiré une folle présomption. Les hommes sont plus faits pour résister aux malheurs qu'à la prospérité ; nous devions nous tenir sur nos gardes, et conjurer les Dieux de mettre le comble à leurs bienfaits, en ne nous permettant pas d'en abuser, et nous nous sommes laissé imprudemment éblouir par notre gloire. Nous n'avons pas compris que cette prospérité disparaîtroit, si nous abandonnions les principes auxquels nous la devions. Trop fiers de régner sur la mer, nous avons cru, après la journée de Salamine, qu'il étoit indigne de nous de respecter les droits de Lacédémone, et de n'occuper que la seconde place dans la Grèce. Nos voisins et les colonies ont recherché notre alliance, et nous avons cru leur faire une grâce en la leur accordant; nous avons eu la folie de vouloir leur vendre une protection que nous devions leur donner. Notre orgueilleuse ambition nous a bientôt fait commettre de nouvelles fautes; nous avons cessé de respecter la liberté de nos amis, parce qu'ils étoient moins puissans que nous. Après les avoir affranchis du joug des Perses, nous avons voulu leur imposer le nôtre : ils souffroient patiemment notre orgueil; mais notre avarice (2) a enfin soulevé la leur, et ils sont devenus nos ennemis.

Nous fûmes punis de nos injustices par la révolte ou la la défection de nos alliés; et au lieu d'ouvrir les yeux et de nous corriger, nous espérâmes de pouvoir être injustes impunément, et nous recourûmes à la force pour régner sur des peuples qui faisoient notre grandeur, en nous prêtant leurs vaisseaux et leurs bras; il a fallu les affaiblir et les ruiner, et nos succès mêmes sont devenus autant de disgrâces pour nous. Qu'espérions-nous en rompant les nœuds de cette alliance antique et respectable, qui entretenoit la paix entre les Grecs, et qui les a fait triompher des armées innombrables de l'Asie? La guerre du Péloponèse, dont nous sommes les auteurs, a été le germe fécond de toutes nos calamités : nous avons été vaincus, et quand nous aurions été vainqueurs, notre (3) sort et celui de la Grèce n'en auroient pas été plus heureux. Un esprit de vertige s'étoit répandu d'Athènes dans toute la Grèce. La haine, la vengeance, l'ambition, les soupçons étoient dans tous les cœurs. Les Grecs étoient devenus eux-mêmes leurs plus grands ennemis ; et ce que chaque République fait depuis ce moment fatal pour conserver sa liberté ou se rendre plus puissante, c'est précisément ce qui la perd.

Cependant, quelle que soit notre situation, je ne sais quel pressentiment m'avertit encore quelquefois que tout n'est pas désespéré. Si les dieux, Phocion, avoient voulu notre ruine entière, ils nous auroient laissé décheoir insensiblement; une corruption lente nous auroit privés des ressources nécessaires pour en sortir ; un bandeau, de jour en jour plus épais, nous auroit empêchés de voir l'abîme où nous allons tomber. Mais la bonté infinie des Dieux ne l'a pas permis ; ils nous ont donné au contraire de grands avertissemens ; ils ont permis que des révolutions subites et inattendues nous forçassent malgré nous à réfléchir.

Notre patrie, qui aspiroit à tout subjuguer, a vu en un jour renverser ses murailles, et établir dans son sein trente tyrans d'autant plus cruels, qu'ils étoient des esclaves timides de Lysander. Lacédémone, qui après sa victoire tyrannisoit la Grèce, et dont les armées, sous la conduite d'Agésilas, avoient porté la terreur jusques dans la capitale même du *grand roi* (*), a vu expirer sa puissance dans les champs de Leuctre ; cet Empire qui a tant coûté de travaux à nos pères et aux Spartiates, que les uns cependant n'ont pu acquérir, que les autres n'ont pu conserver : quelle ville instruite par tant d'expériences, ne doit pas juger aujourd'hui qu'il est insensé d'y aspirer par la force ? Pourquoi la Grèce ne rentre-t-elle donc pas en elle-même ? Les Dieux ne se lassent point de nous avertir et de nous instruire : l'ambition de Philippe ne suffira-t-elle pas pour nous rendre sages ? C'est à nos

(*) Ce grand roi, c'est-à-dire, ce grand fléau de l'espèce humaine, étoit le despote Xerxès, l'un des tyrans qui a gouverné ou plutôt dévoré une partie de l'Asie.

vices, qui font notre faiblesse, que la Macédoine doit sa force et ses succès. Il est temps de connaître nos vrais intérêts; nous le voyons, nous le sentons, il semble même que nous voulions agir : mais toutes les facultés de notre ame se trouvent engourdies, et le moindre effort nous fatigue. Par quel art retrouverons-nous donc notre courage et nos forces?

Phocion alloit me répondre, lorsque nous fumes interrompus par Aristias. C'est un jeune homme né pour aimer et respecter la vertu, mais dont les sophistes avoient déja commencé à gâter l'esprit. Il entra avec cet air avantageux d'un étourdi qui croit posséder de grandes vérités, parce qu'il a des opinions bizarres, et qu'il s'admire avec complaisance pour avoir eu la force de secouer quelques préjugés grossiers. Je viens te demander ton amitié, dit-il à Phocion en l'abordant, et tu ne peux me la refuser; c'est pour le bien de la patrie que je te la demande.

Je commence, continua-t-il, à me lasser de cette philosophie oisive, qui n'enseigne que de stériles vérités, ou plutôt d'ingénieuses rêveries sur la formation de l'univers, et la nature des Dieux et de notre ame; on sait bientôt à quoi s'en tenir sur tout cela. Les hommes après tout sont faits pour vivre en société; c'est à leurs mains à préparer leur bonheur; c'est donc l'étude de la société, c'est-à-dire la politique, qui doit les occuper. Qui pourroit mieux me guider dans cette carrière que toi, Phocion, qui as obtenu à juste titre une si grande réputation à la tête de nos armées, dans le sénat et notre place publique? Je ne sais pourquoi nos affaires vont si mal; car Athènes, qui n'est plus barbare, a tout ce qu'il faut pour être la première République du monde. Tout abonde ici de toutes parts; nos richesses (4), nos talens et notre industrie apportent parmi nous les délices de toute la terre. Faits pour cultiver tous les arts, nous les perfectionnons tous. La philosophie a poli nos mœurs, et nous avons appris à rendre les vertus commodes, faciles et agréables. L'amour de la gloire sait nous arracher sans efforts aux plaisirs, et nous possédons au souverain degré le talent de jouir des avantages de la société. Sans nous flatter, ne valons-nous pas incontestablement mieux que nos voisins ?

Vois quelle est la pesanteur des Spartiates. Ils délibéreront encore dans un mois sur ce qu'il falloit exécuter il y a quinze jours. Rien n'égale la sottise des Béotiens que leur présomption. Pour avoir été un moment les arbitres de la Grèce, ils croient bonnement être en droit de la gouverner. La Phocide avec son temple de Delphe, croupit dans un respect aussi ridicule que profond pour les oracles de son Apollon. Corinthe n'est grossièrement occupée que de son argent et du commerce qu'elle fait sur deux mers : le reste de la Grèce ne vaut pas l'honneur d'être nommé ; et si nous ne l'avions pas un peu façonné , tout y seroit encore aussi barbare que nos respectables ancêtres du temps de Thésée. Malgré tous nos avantages, je ne suis pas content ; il me semble que nos magistrats ne savent pas tirer parti de nos bonnes qualités ; je sens que la République, qui devroit gouverner impérieusement la Grèce, s'énerve et dépérit par notre faute. Il ne nous échappe pas le moindre trait de génie ; nous ne faisons rien de ce que nous devrions faire : à quoi nous servent donc nos talens ? Il faudroit proposer de nouvelles loix, ou du moins corriger les anciennes. Solon pouvoit être bon autre fois

fois ; mais d'autres temps, d'autres soins. Une politique froide et sans imagination n'est propre qu'à engourdir les citoyens : enfin Philippe et sa Macédoine ne laissent pas de m'inquiéter ; c'est une chose indécente et nous devrions déja les avoir rangés à leur devoir.

Phocion sourit nonchalamment à ce début ; pour moi, je fus vivement tenté de corriger un petit présomptueux assez maladroit pour exciter notre mépris, en croyant mériter notre admiration. Je me tus cependant, et Aristias continua son discours, et nous exposa en détail ses réflexions. Tout fut critiqué dans la République, et grâce à l'énormité de nos sottises, le jeune homme eut assez souvent raison. Mais rien n'est égal à la folie des remèdes qu'il nous proposa. Il s'applaudissoit de ses découvertes; il blâma à plusieurs reprises la loi (5) qui défend de haranguer dans la place publique avant l'âge de cinquante ans; il nous fit comprendre adroitement que cette loi ridicule privoit la République de ses sages conseils, et il se tut enfin, quand il crut nous avoir prouvé qu'il étoit le génie tutélaire d'Athènes, et qu'il ne falloit pas s'en prendre à lui si la République tomboit en décadence.

Je te rends grâces, lui dit Phocion, des lumières que tu m'as communiquées, et je ne puis que louer ton zèle pour la patrie. Tu as démêlé avec beaucoup d'esprit plusieurs vices de notre République et de la Grèce;

cependant il me semble que dans le grand nombre de remèdes que tu voudrois essayer, tu n'as pas suivi un certain ordre, une certaine méthode que je croirois nécessaires, et sans lesquels tout ce que tu proposes, pallieroit peut-être pour un instant, mais ne guériroit pas nos maux. Que dirois-tu d'un médecin que j'appellerois auprès d'un hydropique dévoré d'une soif ardente, et qui ordonneroit simplement de le faire boire? Un sang enflammé circule dans ses veines: qu'on le mette dans un bain. Ce n'est point là la médecine, ce n'est que le conseil perfide d'un charlatan ignorant, qui, sans guérir la maladie, ne songe qu'à donner à son malade un soulagement passager, mais funeste.

Oserois-tu t'ériger en médecin, avant que d'avoir étudié toute la machine du corps humain? Non sans doute, tu voudrois d'abord en connaître en détail toutes les parties : tu voudrois t'instruire de leurs fonctions, de leurs différens rapports, et avoir examiné la vertu et la propriété de chaque remède. La politique, Aristias, est la médecine des états, et cette médecine n'a pas moins besoin que l'autre de connaissances et de méditations. Avant que d'imaginer tant de choses pour faire fleurir notre patrie, as-tu commencé par te demander à toi-même, pourquoi les hommes ont consenti à renoncer à cette indépendance avec laquelle ils sont nés, et établi entr'eux un gouvernement, des loix et des magistrats? As-tu bien réfléchi sur la nature du cœur et de l'esprit humain, et du bonheur dont nous sommes susceptibles? Es-tu remonté à la source de nos passions? Connais-tu bien leur force, leur activité, leurs caprices? As-tu tâché de te dépouiller de tes préjugés, pour ne consulter que la raison, et t'élever, par son secours, jusqu'à la connaissance des vues générales de la nature sur nous? Enfin, as-tu tâché de distinguer nos vrais besoins, de ceux que nous nous sommes faits nous-mêmes, de ces besoins artificiels qui causent peut-être tous nos malheurs, en nous procurant cependant par intervalle quelques plaisirs passagers dont nous sommes les dupes ?

Sans ces connaissances préliminaires, qui te répondra que l'objet que tu te proposes, soit en effet celui que tu dis te proposer ? Comment seras-tu sûr que le remède que tu emploies, produira le bien que tu en attends, ou qu'en l'appliquant à une partie de la société, tu ne nuiras pas à l'autre ? La politique ne seroit qu'un art aussi méprisable que les charlatans qui l'exercent aujourd'hui dans la Grèce, si en nous délivrant d'un mal que pour nous en donner un autre, elle ne remonte pas jusqu'à la cause des vices mêmes qui obstruent le corps de la République, ou qui en aigrissent et irritent les humeurs. Si tu ne cherches, Aristias, qu'un recueil de charlatanneries ou de tours de passe-passe, je ne suis point ton fait; mais je t'avertis que ce n'est pas là la politique. L'art de tromper les hommes, n'est point l'art de les rendre heureux. C'est parce que la Grèce n'est plus gouvernée que par des empiriques, qu'une fortune inconstante, capricieuse et cruelle décide impérieusement de notre sort. En courant après un bonheur chimérique, ombre légère qui nous trompe, et que nos mains ne peuvent saisir, pourquoi sommes-nous étonnés de ne trouver que des malheurs? Occupés du seul moment présent, ce moment nous échappe sans cesse, et notre politique toujours placée dans des circonstances imprévues, voit tromper ses espérances et déconcerter ses projets. Nous éprouvons que ce qui sembloit procurer hier une sorte de calme à la République, y excite aujourd'hui un orage : que ne remontons-nous donc à ces principes lumineux, fixes et immuables que la nature nous a donnés pour chercher et affermir notre bonheur ?

Je jouissois d'un double plaisir, mon cher Cléophane; j'écoutois Phocion, et je voyois Aristias, qui, en rentrant en lui-même, étoit combattu par l'envie de s'instruire et la confusion de s'être trompé. Ces sentimens se peignoient tour-à-tour sur son visage, et j'allai au secours de sa raison. Aristias, lui dis-je, je te conseille de te consoler de n'être pas tout-à-fait aussi habile que Phocion. Il rougit et sourit. Courage, ajoutai-je, si tu es assez généreux pour convenir qu'à vingt ans on peut sans honte ignorer bien des choses, tu seras sans doute digne d'être le disciple de Phocion. A ces mots, l'amour de la vérité prit dans Aristias l'ascendant sur l'amour-propre. Il me sauta au cou, et ce ne fut que par respect pour Phocion qu'il n'osa l'embrasser.

Je l'avoue, dit-il, il s'en faut bien, Phocion, que je sois prêt à corriger nos loix, et réparer les fautes de nos magistrats. Sans connaître encore mes erreurs, je vois que je dois m'être trompé, je n'en doute pas. Cependant, plus j'y réfléchis, moins je comprends ta pensée. Peut-il se faire, poursuivit-il, qu'au milieu des révolutions, qui changent continuellement la nature des affaires et la face des sociétés, l'art de gouverner ait des principes fixes, déterminés et immuables? Sans doute, répartit Phocion, puisque la nature de l'homme que la politique doit rendre heureux, tient elle-même à des principes fixes, déterminés et immuables. Les affaires peuvent changer avec nos caprices; mais ces changemens n'en apportent aucun aux règles de la nature; ni à la destination des hommes et de la société. Mais, insista Aristias, jette les yeux, Phocion, sur les Barbares qui entourent la Grèce. Quelle prodigieuse différence ne remarques-tu pas entre les Perses, les Scythes, les Thraces, les Macédoniens, etc? Nous autres Grecs, nous semblons former une classe d'hommes à part. Chacune même de nos Républiques n'a-t-elle pas des mœurs et une constitution différentes? N'aspirons-nous pas tous à un bonheur différent? Ce qui seroit sage dans la Grèce, où nous voulons être libres, deviendroit donc vicieux dans la Perse, où l'on aime la servitude. L'Arcadie, placée au milieu du Péloponèse, peut-elle se proposer le même objet que Corinthe? Nous qui ne cultivons qu'une terre stérile et ingrate, devons-nous imiter le peuple qui habite la fertile Laconie? Puisque la société a, selon les lieux et les temps, des besoins différens; puisque de nouvelles circonstances et une révolution rendent souvent un peuple si différent de lui-même, la principale attention de la politique ne devroit-elle pas être de varier ses principes et sa conduite?

Qu'elle varie la manière d'appliquer ses principes, j'y consens, répondit Phocion, puisque tous les peuples qui se trompent, ne sont pas dans la même erreur, et que les uns sont plus ou moins éloignés que les autres du chemin qui conduit au bonheur. Mais croiras-tu, mon cher Aristias, que suivant la bizarrerie de nos goûts, la nature, aussi inconstante et aussi capricieuse que nous, doive avoir différentes sortes de bonheur à nous distribuer? Non, elle n'en a qu'un qu'elle offre également à tous les hommes, et la politique doit commencer par connaître ce bonheur dont l'homme est susceptible, et les moyens qui lui sont donnés pour y parvenir. (*)

Imagine, Aristias, des voyageurs imprudens, qui partant d'Athènes pour se rendre à Corinthe, sans s'instruire du chemin qu'ils doivent tenir, se seroient égarés sur la route

(*) Il ne peut non plus y avoir deux bonheurs pour l'espèce humaine, qu'il ne peut y avoir deux soleils dans notre système planétaire. On n'est heureux que quand on suit fidèlement les loix de la Nature : c'est ce que les esclaves des despotes, et de leur luxe, et de leurs autres crimes, ont toujours ignoré.

de l'Ionie, de la Thrace ou de la Macédoine. En allant toujours devant eux, ils parviendront jusques dans les provinces où naît le jour, chez les Nations Hyperborées, ou chez les Barbares qui habitent au-delà du Tanaïs; mais malgré leur courage et leur patience, ils périront de fatigue et de misère, avant que de trouver sur les frontières du monde cette Corinthe qui n'étoit d'abord qu'à quelques stades d'eux, et où ils pouvoient se rendre commodément. Telle est l'erreur de tous les peuples; ils cherchent péniblement le bonheur où il n'est pas; et ils nomment politique, l'inquiétude qui les agite dans une course incertaine et trompeuse.

Sais-tu, Aristias, continua

Phocion, quelle étoit la situation de Lacédémone, quand les Dieux lui donnèrent Lycurgue pour législateur ? Tous les Spartiates s'étoient fait des idées fausses et chimériques du bonheur. Les deux rois croyoient qu'il consiste à gouverner impérieusement une foule d'esclaves, les riches à voler le peuple, et la multitude à mépriser les loix dont on vouloit l'accabler. Les différens ordres de la République n'étoient quelquefois réunis que par des sentimens d'ambition, ou plutôt d'avarice, qui les rendoient odieux aux peuples voisins de la Laconie, sur lesquels ils exerçoient leurs brigandages, et dont ils éprouvoient à leur tour la vengeance.

Si Lycurgue eût nourri les

erreurs de sa patrie, au lieu de les dissiper, les Spartiates, tour-à-tour en proie aux désordres de la tyrannie et de l'anarchie, et toujours malheureux en se flattant d'être un jour heureux, n'auroient cessé de se déchirer, que quand un de leurs ennemis les auroient réduits eux-mêmes à la condition des Ilotes. Cet homme divin les mit sur la route du bonheur. Son opération fut simple. Au lieu de consulter leurs préjugés, il ne consulta que la nature. Il descendit dans les profondeurs tortueuses du cœur humain, et pénétra les secrets de la providence. Ses loix faites pour réprimer nos passions, ne tendirent qu'à développer et affermir les loix mêmes que l'Auteur de la Nature nous prescrit par le ministère de la raison dont il nous a doués, et qui est le magistrat (6) suprême et seul infaillible des hommes.

A ces mots, mon cher Cléophane, Aristias, tout imbu de la doctrine de nos sophistes, ne put s'empêcher d'interrompre Phocion. Quelles sont donc, dit-il, ces loix mystérieuses que nous impose la raison? Pourquoi étouffer des passions dont le feu salutaire donne le mouvement et la vie à la société? La nature qui nous ordonne impérieusement de courir sans relâche après le bonheur, ne nous fait-elle pas connaître clairement sa volonté et notre destination par cet attrait de plaisir ou cette pointe de douleur dont elle arme tout ce qui nous environne?

Je fuis ou j'approche un objet, suivant qu'il me repousse ou qu'il m'appelle : et comment m'égarerois-je en obéissant à cet instinct ? Mes passions nées dans moi avant ma raison, ne sont-elles pas, comme elle, l'ouvrage de la nature ? Ce flambeau pâle et obscur qui, dit-on, doit me guider, pourquoi luiroit-il le dernier à mes yeux ? Si la nature avoit fait les hommes pour obéir à la raison, pourquoi seroient-ils les maîtres d'y désobéir ? Cette nature est-elle faible, timide, impuissante, et bornée comme nos magistrats ? Cette raison, dont on vante les oracles incertains, et dont nous sommes si fiers, n'est après tout que l'ouvrage de notre vanité ; c'est à des préjugés formés par le hasard, et consacrés par l'éducation et l'habitude, que nous donnons ce nom. Différente dans la Perse, dans l'Egypte, dans la Thrace, différente dans presque toutes les villes de la Grèce, chacun croit l'avoir; et personne en effet ne la possède. D'ailleurs faible, languissante, par-tout esclave, lui sied-il d'affecter l'Empire? C'est aux passions que la nature l'a donné, en leur donnant la force nécessaire pour nous subjuguer.

Jeune homme, répartit Phocion, que je te plaindrois, si ces erreurs de ton esprit étoient passées jusques dans ton cœur pour y étouffer le germe de la vertu! A ton âge un paradoxe audacieux paraît la vérité, et il faut te le pardonner, puisqu'à ton âge on n'est philosophe que par passion. Mais tu auras honte un jour d'avoir confondu les appétits grossiers de nos sens et les égaremens de notre ame, avec ces loix prudentes que nous prescrit la raison.

Ah ! mon cher Cléophane, que n'as-tu été témoin de cet entretien ? Ce Phocion, toujours si tranquille dans les débats tumultueux de notre place publique, tu l'aurois vu s'échauffer peu à peu pour les intérêts de la raison et de la vertu ; car leur cause est commune, et parler enfin avec cette éloquence enflammée que je ne puis te rendre.

Jeune homme à qui les dieux ont accordé un cœur droit, mon cher Aristias, je t'en conjure, ne corromps pas le don précieux qu'ils t'ont fait. Si la raison n'est qu'un préjugé, frémis-en, la vertu n'est plus qu'un mot vide de sens. Tu la bannis de la terre; et quel affreux séjour serions-nous comdamnés à habiter ? Les tigres seroient moins dangereux pour l'homme que l'homme même. Ne ferme pas les yeux à la vérité qui t'éclaire de tous côtés. N'est-il pas évident que l'empire que nous laissons usurper à nos passions, est la source de tous nos maux ? Et plût au ciel qu'une expérience éternelle et toujours répetée, n'en multipliât pas chaque jour les preuves ! Tandis que ma raison, ministre de l'Auteur de la nature parmi les hommes, et l'organe de ses volontés, me crie d'être juste, humain, bienfaisant; qu'elle m'apprend à chercher mon bonheur particulier dans le bien public, et réunit les hommes par les vertus qui inspirent la sécurité et la confiance; examine les ravages que les passions produisent dans la société. Chacune d'elles, aveugle sur tout autre intérêt que le sien, brise les liens de la République en se regardant comme l'objet et le centre de tout. Le vice éloigne les uns des autres les citoyens que la vertu rapprocheroit et tiendroit unis; il divise les peuples par les haines, les craintes et les soupçons. Rien n'est sacré pour les passions; guerres, meurtres, trahisons, violences, injustices, perfidies, lâchetés, voilà leur cortége, tandis que la raison appelle autour d'elle la paix, la bonne foi et le bonheur à la suite de toutes les vertus.

Nous tenons le milieu, mon cher Aristias, entre les pures intelligences et les brutes ; ne soyons ni tout l'un, ni tout l'autre. Le terme de la philosophie, c'est de connaître notre condition, et d'être assez sages pour nous tenir sans orgueil et sans bassesse à la place qui nous est assignée. Nous avons une raison et des passions ; en riant du chagrin de ces philosophes farouches, qui voudroient détacher notre ame de tous les liens de nos sens, ne tombe pas dans l'erreur mille fois plus dangereuse de ces hommes sans mœurs qui t'invitent à te salir dans la fange de tes passions, et se repentent sans cesse de s'être laissé tromper par les faux biens qu'elles présentent. C'est aller plus loin que l'Auteur de la nature, que de vouloir détruire nos passions, elles sont son ouvrage et immortelles comme lui ; mais il nous ordonne de les tempérer, de les régler, de les diriger par les conseils de la raison, puisque ce n'est qu'ainsi qu'elles peuvent perdre leur venin, et contribuer à leur bonheur.

Tandis que Phocion parloit ainsi, Aristias, profondément occupé, tenoit les yeux baissés, et paraissoit accablé du poids de la vérité. La nature, dit-il en soupirant, s'est donc jouée des hommes avec autant de perfidie que de cruauté. Pourquoi cet assemblage monstrueux et bizarre de qualités opposées ?

opposées ? pourquoi nous avoir entourés de piéges ? pourquoi du moins n'avoir pas donné à notre raison les forces ou le charme que possèdent nos passions ?

Humilions-nous, lui répondit Phocion, devant la sagesse suprême. Ne soyons point assez téméraires, tandis que nous nous sentons pressés de tout côtés par d'étroites limites, pour vouloir comprendre, embrasser et mesurer un être infini. Qui sommes-nous pour exiger qu'il nous rende compte de ses desseins et de sa conduite ? Ce que nous voyons de sa sagesse, doit nous jeter dans une admiration timide et respectueuse pour ce que nous ne voyons pas. S'il nous dévoiloit le système général du monde, notre vue seroit-elle assez ferme et assez étendue pour en saisir toutes les parties et tous les rapports ? Non, mon cher Aristias, si l'Auteur de la nature vouloit nous révéler ses secrets, nous ne les comprendrions pas; il ne nous apprendroit que des mystères auxquels ne pourroit atteindre notre raison, faite pour des vérités d'un ordre inférieur.

Bornons-là nos connaissances et nos recherches. Les vérités qu'il nous est important de connaître, la providence nous les prodigue; elle les a mises, pour ainsi dire, sous notre main; mais le reste est caché sous un voile impénétrable. De quoi nous plaindrions-nous ? N'est-il pas assez prouvé que nos passions ne donnent point le bonheur qu'elles promettent ? Notre raison manque-telle de nous en avertir ? A ces Syrènes, dont la voix mélodieuse ne nous appelle que pour nous dévorer, que n'opposons-nous donc la prudence d'Ulysse ? La Politique attendra-t-elle de nouvelles révolutions dans les Etats, de nouvelles disgrâces, de nouvelles décadences pour se convaincre que le bonheur des sociétés veut un autre fondement que des passions injustes, aveugles, légères, inconstantes et capricieuses ? Fais-toi, mon cher Aristias, un tableau du spectacle que présenteroit la terre, si tous ses habitans, semblables à ce divin Socrate, dont Platon et Xénocrate m'ont cent fois tracé le portrait, réunissoient en eux toutes les vertus. S'il est vrai que dans ce nouvel âge d'or où les passions seroient réprimées et dirigées par la raison, la félicité habiteroit parmi les hommes, n'est-il pas certain que la Politique doit nous faire aimer la vertu, et que c'est-là le seul objet que doivent se proposer les législateurs, les loix et les magistrats ?

Les sophistes pourront déclamer contre les droits de la raison en faveur des passions, quand ils pourront nous faire appercevoir les grands avantages qu'une République retire de l'avarice, de la prodigalité, de la paresse, de l'intempérance, de l'injustice de ses citoyens et de ses magistrats. Pour les confondre, mon cher Aristias, invite-les à remonter dans les siécles les plus reculés, et, pour ainsi dire, à la naissance du genre humain. Fais-leur remarquer que la Grèce fut arrosée de sang et de larmes, tant que nos pères, plus semblables à des bêtes farouches, qu'à des hommes, vécurent sous l'empire des passions. Invite ces grands philosophes, si ennemis de la raison, à nous apprendre pourquoi nous ne commençâmes à être moins malheureux, que quand des loix et des magistrats, par une suite des premières conventions, se servant tour-à-tour des châtimens et des récompenses, commencèrent à réprimer quelques passions, et à mettre en honneur quelques vertus. Suis les fastes de la Grèce, et tu verras toujours les peuples plus ou moins heureux, suivant que la Politique plus ou moins habile a rendu les mœurs plus ou moins honnêtes.

Cent de nos villes ont été déchirées par des divisions intestines ; recherches-en les causes, et tu verras constamment que quelque passion, enhardie par l'espérance du succès ou l'impunité, a rompu le frein trop faible qui la retenoit. Tu compteras toujours nos calamités par le nombre de nos vices. Nous savons les maux qu'ont produits les passions d'un Périclès, d'un Cléon, d'un Alcibiade : je puis te les citer. Mais toi, cite-moi ceux qu'ont faits les vertus de Miltiade, d'Aristide et de Cimon. Mille tyrans ont autrefois usurpé la souveraineté dans leurs Républiques ; en auroient-ils osé former le projet, si leurs concitoyens, déja esclaves de leurs passions, n'avoient été préparés à sacrifier leur patrie et leur liberté à leur vengeance et à leur avarice ?

Mais nous, Aristias, mais nous, pourquoi sommes-nous aujourd'hui si différens de nos pères ? pourquoi tombons-nous dans le mépris ? pourquoi ne sommes-nous plus heureux ? N'en accuse pas, avec les sophistes, une fortune aveugle qui n'existe point ; ne t'en prends qu'au changement qui s'est fait dans nos mœurs. La soif de l'argent qui nous dévore, a étouffé l'amour de la patrie. Le luxe du citoyen refuse tout aux devoirs de l'humanité. Les plaisirs, l'oisiveté, mille autres vices ont avili nos ames. Quel Trasybule nous délivrera de ces tyrans plus implacables que Critias (7)? Rends-nous les vertus de ces Athéniens qui ont vaincu Xerxès; rends à tous les Grecs leur première tempérance et leur justice, et tu nous rendras en même temps notre ancienne union, et les forces qui ont conservé notre liberté. Dès que les Grecs seront vertueux, ils regarderont encore la Grèce entière comme leur patrie commune. Philippe qui nous brave et médite notre asservissement, en armant nos vices contre nous-mêmes, trembleroit au nom de la Grèce, ou plutôt nous regarderoit encore comme les protecteurs de son royaume.

Tel est l'ordre établi dans

les choses humaines, mon cher Aristias, que la prospérité des états est la récompense certaine et constante de leurs vertus; et l'adversité, le châtiment infaillible de leurs vices. L'histoire des siécles passés instruit le nôtre de cette vérité, et nous servirons à notre tour de leçon à nos neveux. Examine ces révolutions qui ont détruit tant d'Empires; ce sont autant de voix par lesquelles la Providence crie aux hommes : *Défiez-vous de vos passions, elles ne vous flattent que pour vous tromper. Elles vous promettent le bonheur; mais si vous prêtez l'oreille à leurs mensonges, elles deviendront vos bourreaux, elles vous conduiront à la servitude; un tyran domestique, ou un vainqueur étranger servira d'instrument à votre punition.*

Va, mon cher Aristias, lui dit Phocion en l'embrassant, médite les grandes vérités que je viens de t'exposer, et dis-toi à toi-même tout ce que je pourrois ajouter aux premières réflexions qui se sont présentées à mon esprit. Puisqu'en nous donnant un desir insatiable de bonheur, la Nature nous a tracé une route pour y arriver, ne dis plus, avec les sophistes, qu'elle est notre marâtre, et que nous sommes condamnés à subir le sort de Tantale. Impose silence à tes passions pour interroger ta raison, et elle t'apprendra tous les devoirs de l'homme. Tu connaîtras notre destination, et tu verras que la Politique ne nous égare que quand elle se prostitue au service des passions. Tu es meilleur, Aristias, que tu ne crois ; il n'est pas possible que tu sois longtemps dans l'erreur. Les opinions de nos sophistes ont pu, par je ne sais quel air de nouveauté et d'audace, surprendre ton imagination ; mais tu touches à cet âge où l'on a déja assez d'expérience pour commencer à se défier de ses passions, et on apprend bientôt à les vaincre, ou du moins à les combattre, quand on n'a pas le cœur corrompu.

Tu vois, me dit Phocion, après qu'Aristias fut sorti, de quelle doctrine on empoisonne l'esprit de nos jeunes gens. A peine ont-ils découvert que tout n'est pas vrai, qu'ils croient ridiculement que tout est faux. Enivrés d'orgueil, ils font main-basse sur tout ce qui se présente. Dans leurs accès de philosophie, ces petits héros mesurent la grandeur de leurs prétendus triomphes à l'importance des vérités qu'ils osent attaquer. Assez sots pour fermer les yeux à l'évidence, et douter imperturbablement de tout, ils croient avoir tout détruit, ou persuader aux ignorans qu'ils ont tout examiné. Quand on cherche à étouffer la voix et l'autorité de la raison, quand on veut la rendre l'esclave des passions, quelle sûreté, quel lien peut-il y avoir entre les hommes ? Qu'est-ce que la République peut espérer des citoyens et des magistrats ? Elle touche au moment de sa ruine.

ruine. Aristias changera, ajouta Phocion, je te le prédis. C'est un bon augure que ce silence modeste qu'il a gardé, pendant que je l'avertissois de ses erreurs ; il n'a pas de vices qui les lui rende chères. Il me semble que son cœur s'est ouvert à mes instructions. Plus étourdi, plus vain, plus présomptueux que méchant, il se rendra aux lumières de la raison ; et plût aux Dieux que tous nos Athéniens lui ressemblassent !

SECOND ENTRETIEN.

Qu'il n'y a point de vertu, quelque obscure qu'elle soit, qui ne contribue au bonheur des hommes. L'objet principal de la politique est de régler les mœurs. Sans elles il n'est point de bon gouvernement; elles en réparent les vices. Objections d'Aristias; réponses de Phocion.

Phocion ne s'est point trompé, mon cher Cléophane. Ses paroles, comme un trait de flâme, avoient porté la lumière dans l'esprit d'Aristias. Ce jeune homme vint hier chez moi; il étoit embarrassé en m'abordant, il n'osoit presque pas me regarder. Que Phocion est sage! me dit-il en rompant le silence;

je m'égarois, et ses discours ont fait revivre dans mon cœur un goût pour la vertu, que je travaillois malheureusement à détruire. Qu'il m'a paru éclairé, quoiqu'il humiliât mon amour-propre ! Que je crains de lui paraître aussi méprisable que je me le parais à moi-même ! Depuis que je l'ai vu, je n'ai été occupé qu'à méditer sa doctrine. Je m'étonne à-la-fois de ma témérité, de vouloir tout savoir, et de la faiblesse avec laquelle j'ai été la dupe de quelques sophismes. En commençant à me connaître, je commence à goûter une sorte de tranquillité qui, je crois, n'accompagne jamais l'erreur. Je brûle d'impatience de revoir Phocion, et je crains de me présenter devant lui ; je crains qu'il ne me trouve pas encore digne de l'écouter.

Aristias, lui répondis-je, les sophistes s'irritent, quand on ose attaquer leurs opinions, c'est que l'avarice les fait parler. Ils craignent que leurs leçons, dont ils font un trafic mercenaire, ne soient décriées. Mais un philosophe n'a d'autre intérêt que celui de la vérité, et il sait trop combien elle nous est étrangère (*), pour n'être pas indulgent. Phocion, tu peux

---

(*) La vérité ne nous est pas plus étrangère que le bonheur dont nous ne pouvons pas jouir sans elle; il y a seulement des vérités d'un ordre supérieur, qu'il ne nous est pas donné de connaître. (*Voyez page 110.*) Ce que Nicoclès dit ici à Aristias, doit s'entendre seulement des nuages que nos passions jettent sur la vérité pour nous la cacher.

m'en croire, pardonnera à ton âge de t'être laissé tromper par les sophistes, et par les passions bien plus habiles qu'eux. Il te saura gré de ton repentir, et peut-être même de tes erreurs, puisque tu les abjures; car il est toujours beau de se corriger. Viens, Aristias, viens apprendre avec moi de nouvelles vérités, et veuillent les Dieux les rendre utiles à la République !

Jouis de ta victoire, dis-je à Phocion en l'abordant, voici Aristias; tu l'as rendu à la raison, dans un âge où l'on se fait un mérite de ne la pas consulter. La présence d'un homme vertueux a-t-elle donc, mon cher Cléophane, le même pouvoir que les autels des Dieux, qui rassurent les supplians qui en approchent? Aristias n'eut plus aucun embarras. Il assura Phocion qu'il rendoit à la raison toute sa dignité et tous ses droits. C'est une étrange folie, dit-il, d'oser usurper le nom de philosophe, en même temps qu'on se ravale à la condition des animaux, et de prétendre raisonner en soutenant qu'il n'y a point de raison. J'ai quelque peine à comprendre par quels écarts j'étois venu à croire qu'il est sage d'obéir à des passions dont une expérience journalière nous fait connaître l'emportement, les caprices et l'injustice. Le bonheur est sans doute compagnon de l'ordre et de la paix; et les passions, même ennemies les unes des autres, sont dans un état perpétuel de guerre. Quels biens puis-je en attendre? Quels maux au contraire ne dois-je pas en craindre, si ma raison ne se rend leur médiatrice, leur arbitre et leur juge? Je me suis rappelé ces courts momens de ma vie où je n'ai obéi qu'à ma raison, et j'ai goûté une sorte de volupté supérieure à celle que donnent les sens. J'ai comparé ces instans à ces jours d'erreurs où mes passions me gouvernoient; ma mémoire ne m'a représenté que des plaisirs accompagnés de trouble, d'inquiétude et de repentir; mon cœur ne s'est point ouvert à ce souvenir.

J'ai jeté les yeux sur un plus grand théâtre, et j'ai vu les passions, comme autant de furies, porter la désolation dans toute la terre, changer les magistrats en ennemis de la société, fouler aux pieds les loix les plus saintes de l'humanité, et détruire dans un instant les Empires les plus formidables. J'ai interrogé ma raison, j'entrevois la vérité, je crois être sur le chemin qui y conduit; mais mes égaremens passés m'ont appris à me défier de moi. Je n'ose, Phocion, marcher sans ton secours; je n'ose entrer seul dans le sanctuaire de cette Politique sublime, qui n'a d'autre instrument, ni d'autre appui que la vertu, je craindrois de le profaner. Sois mon guide, et me donne un esprit tout nouveau.

Aristias, mon cher Aristias, lui répondit Phocion, après l'avoir tendrement embrassé, tes progrès sont plus rapides que je n'aurois osé l'espérer. Tu as eu le courage d'arracher aux passions le masque dont elles se couvrent, et qui nous trompe; il n'est plus de vérité dont la découverte te soit interdite. Tu es persuadé que la raison est l'organe par lequel l'Auteur de la nature nous fait connaître ses volontés; tu es persuadé qu'elle seule peut nous conduire au bonheur. Pense donc, mon cher Aristias, que la Politique doit être le ministre et le coopérateur de la Providence parmi les hommes, et que rien n'est plus méprisable que cet art illusoire, qui en emprunte le nom, qui n'a de règle que les préjugés publics et les passions de la multitude, qui n'emploie que la ruse, l'injustice et la force, et qui se flattant de réussir par des voies contraires à l'ordre éternel des choses, voit s'évanouir entre ses mains le bonheur qu'il croyoit posséder.

L'esclave qui cultive tes champs, est plus sage que nos législateurs. Pour recueillir d'abondantes moissons, il a étudié la culture qu'exige la terre; il a observé quelles saisons elle a destinées à la production de chaque fruit, et il ne tente jamais d'en changer l'ordre. Que la Politique, après avoir pénétré dans les secrets de la nature sur la destination de la société et les causes de son bonheur, suive constamment cet exemple. Dès qu'elle sera assez prudente pour ne se pas croire plus habile que la nature, elle fera sa principale étude de la Morale, qui enseigne à distinguer les vertus véritables de celles qui n'en ont que le nom, et que les préjugés, l'ignorance et la mode ont imaginées. Que son premier soin soit d'épurer sans cesse la Morale. En donnant une attention particulière aux vertus qui sont les plus nécessaires à la société, son principal objet doit être de prendre les mesures les plus efficaces pour empêcher que les passions ne sortent victorieuses du combat éternel que notre raison est condamnée à soutenir contr'elles. Son but, en un mot, est de tenir les passions courbées sous le joug, et en affermissant l'empire de la raison, de donner, pour ainsi dire, des aîles aux vertus.

Entrons dans le détail des vertus que la politique doit cultiver ; mais réponds-moi d'abord, Aristias. Quand tu achètes un esclave, t'importe-t-il peu qu'il soit gourmand, paresseux, fripon, menteur, ou qu'il ait les qualités opposées à ces vices ? Ne t'est-il pas avantageux que ton voisin soit juste, humain et bienfaisant ? T'est-il égal que ton ami soit emporté dans ses goûts, débauché, injuste, crapuleux, ou qu'il soit attentif à remplir tous les devoirs d'un honnête homme ? Quand un mariage, que je te souhaite heureux, t'aura élevé à la dignité de père de famille, te sera-t-il indifférent que tes enfans contractent l'habitude du vice ou de la vertu, et que ta femme

ait

ait les mœurs d'une courtisane, ou soit chaste, modeste, retirée et économe ?

Je n'attends pas ta réponse, poursuivit Phocion, je la sais. Mais puisqu'une femme, des enfans, des amis, des voisins vertueux et des esclaves fidèles à leurs devoirs, sont si propres à nous rendre heureux dans le sein de nos familles où nous passons la plus grande partie de notre vie, pourquoi la Politique négligeroit-elle cette branche importante de notre bonheur ? Je n'ignore point que, sous prétexte de je ne sais quelle élévation d'esprit, nos Athéniens, que je ne comprends pas, plaisantent aujourd'hui avec dédain des vertus domestiques (*). On diroit

(*) Un peuple est perdu, quand il est assez

que ce n'est pas la peine d'être honnête homme, à moins que d'être un héros. Mais c'est parce que la corruption, qui règne dans le sein de nos maisons, nous rend incapables de pratiquer les vertus domestiques, que nous avons pris le parti de les mépriser. La modestie dans les mœurs nous paraît bassesse ou rusticité. Nous voulons que nos maisons soient une espèce d'asyle où la loi n'ose point entrer pour

---

dépravé pour dédaigner les vertus domestiques, ces vertus qui seules font régner l'ordre et le bonheur dans les familles. Nous sentirons toute la force, toute l'importance de cette vérité après l'entière régénération de nos mœurs, qui est encore bien éloignée, à moins que de très-grands moyens ne l'accélèrent. Nous en avons déja beaucoup, et nos législateurs nous en procurent tous les jours de nouveaux.

nous instruire de nos devoirs, et cependant c'est dans le sein des familles que des pères tendres et prudens ont donné le premier modèle des loix et de la société. Nous disons que c'est dégrader les magistrats, que de les occuper de nos soins domestiques ; mais en effet nous ne voulons qu'avoir impunément de mauvaises mœurs. Dégoûtés de la simplicité de nos pères, nous voulons du faste et de l'élégance jusques dans les vertus. Que c'est bien mal connaître leur nature et les liens qui les unit les unes aux autres !

Je ne crois pas aisément aux qualités sublimes de ces héros à qui il faut un grand théâtre, et des foules de spectateurs. Ce n'est que par l'exercice des vertus domestiques qu'un peuple se prépare à la pratique des vertus publiques. Qui ne sait être ni mari, ni père, ni voisin, ni ami, ne saura pas être citoyen. Les mœurs domestiques décident à la fin des mœurs publiques. Penseras-tu, Aristias, que des hommes accoutumés à obéir à leurs passions dans le sein de leur famille, et sans vertu les uns à l'égard des autres dans le cours ordinaire de la vie, prendront subitement un nouveau génie et de nouvelles habitudes, en entrant dans la place publique et dans le sénat; ou que leurs passions et leurs vices n'oseront les inspirer, quand il s'agira de délibérer sur les intérêts de la République, et de décider de son sort? Lycurgue, moins présomptueux que nos sophistes et nos orateurs, ne l'espéroit pas; aussi eut-il une attention particulière à former les mœurs domestiques des Spartiates. Il porta plus de loix pour faire d'honnêtes gens, que pour régler la forme du sénat, et la police des assemblées de la place publique. Il savoit que des hommes vertueux vont, comme par instinct, au devant de leurs devoirs, et qu'ils auront toujours de bons magistrats.

Par quel prodige en effet une République verroit-elle une suite d'hommes de bien à la tête de ses affaires, si elle ne commençoit pas par avoir pour citoyens des hommes accoutumés à pratiquer les devoirs de la vie privée? Il faut qu'un peuple sache estimer la vertu, pour donner à ses magistrats le courage et la constance nécessaires dans l'exercice de leurs fonctions. Il doit aimer la justice pour desirer un magistrat toujours juste, toujours ferme, toujours aussi inflexible que la loi. Des citoyens corrompus le redouteroient, sa probité leur seroit à charge. Ils lui préféreront un Cléon qui flatte leurs vice, dont le cœur est ouvert à l'intérêt, et dont la main nonchalante et faible laisse pencher inégalement la balance de la justice.

Juge, mon cher Aristias, de la doctrine que je t'expose, par ce qui s'est passé de nos jours dans notre République. A peine Periclès (1) eut-il corrompu nos mœurs, en prétendant les polir; à peine commençames-nous à nous piquer de recherche dans les arts inutiles ; de somptuosité dans nos spectacles, de magnificence dans nos meubles, de délicatesse sur nos tables ; à peine les courtisanes, autrefois méprisées, à présent les arbitres du goût, des vertus et des agrémens, eurent-elles ouvert à nos jeunes gens une école de galanterie et d'oisiveté ; à peine, en un mot, avons-nous estimé la volupté, l'élégance, les richesses, et respecté les grandes fortunes, que nous en avons été punis, en voyant les grâces, le faste, le luxe et les richesses tenir lieu de talens, et devenir autant de titres pour s'élever aux magistratures. Quelle République auroit pu résister aux hommes méprisables qui ont succédé à Périclès ? Des voluptueux, des étourdis, des avares, etc. n'ont vu dans l'administration dont ils étoient chargés, que le pouvoir de satisfaire plus aisément leurs passions. Ne craignant ni les regards, ni le jugement d'une multitude aussi vicieuse qu'eux, devoient-ils se gêner pour faire le bien ? Ils ne s'étudièrent, dans les conjonctures difficiles, qu'à éblouir et duper les spectateurs. Ne gouvernant que par des cabales et des intrigues, ils ne cherchèrent qu'à rendre les loix souples et dociles à leurs desirs. Ils eurent tout au plus l'adresse ou la complaisance, pour ménager un reste de citoyens vertueux, de faire une ou deux actions honnêtes avec éclat et appareil, afin de pouvoir être impunément injustes, à l'abri d'une bonne réputation usurpée.

Conclus, Aristias, qu'il n'y a point de petite vertu aux yeux de la politique, et qu'elle ne peut, sans péril, en négliger aucune. Ajoutons même que les loix les plus essentielles au bonheur et à la sûreté des états, ce sont celles qui regardent le détail des mœurs. Je te l'avouerai, je ne comprends point ce que nos sophistes pensent ou imaginent en parlant de bon et de mauvais gouvernement, si par ces mots ils ne veulent faire entendre des formes de police, qui étant plus ou moins propres à réprimer les passions des magistrats et des citoyens, rendent l'empire des loix plus ou moins solide.

J'ai souvent entendu raisonner Platon sur cette matière. Il blâmoit la (2) monarchie, la pure aristocratie et le gouvernement populaire. Jamais, disoit-il, les loix ne sont en sûreté sous ces administrations, qui laissent une carrière trop libre aux passions. Il craignoit le pouvoir d'un prince, qui, seul législateur, juge seul de la justice de ses loix. Il étoit effrayé dans l'aristocratie, de l'orgueil et de l'avarice des grands, qui, croyant que tout leur est dû, sacrifieront sans scrupule les intérêts de la société à leurs avantages particuliers. Il redoutoit dans la pure démocratie, les caprices d'une multitude toujours aveugle, toujours extrême dans ses desirs, et qui condamnera demain avec emportement ce qu'elle approuve aujourd'hui avec enthousiasme. (*)

Ce grand homme, poursuivit Phocion, vouloit que, par un mélange habile de tous ces gouvernemens, la puissance

---

(*) Si Mably vivoit encore, s'il voyoit combien la *multitude est éclairée*, par la liberté de la presse, par la publicité des séances des Assemblées nationales et de toutes les administrations, et par les sociétés populaires, il ne redouteroit nullement *la pure démocratie*. Ce gouvernement est le seul juste, parce qu'il est le seul naturel. Il n'a qu'un inconvénient, qui n'est plus à craindre, parce qu'enfin il est prévu, c'est que si les pipeurs ou les agitateurs parviennent à tromper le peuple, à le diviser, le règne de l'anarchie commencera alors, et il faudra que nous allions vivre dans les forêts, ce qui vaudroit encore mieux que languir dans l'esclavage.

publique fût partagée en différentes parties propres à s'imposer, se balancer, et se tempérer réciproquement. Mais il ne s'en tenoit pas là, mon cher Aristias; le disciple de Socrate connaissoit trop bien les hommes, pour penser que les gouvernemens, dont toutes les parties seroient combinées avec le plus de sagesse, pût se soutenir sans le secours des mœurs domestiques. Lis sa République; vois avec quelle vigilance il cherche à se rendre le maître des passions, et la règle austère à laquelle il soumet la vertu. Peut-être a-t-il passé les bornes de la prudence; mais cet excès même de précaution prouve combien il croyoit les mœurs nécessaires à la conservation de son gouvernement.

En effet, à quoi serviroit de donner la constitution la plus sage à des hommes corrompus, dont on ne corrigeroit pas d'abord les vices ? Lacédémone, sortant des mains de Lycurgue, eut un gouvernement tel que desire Platon. Les deux rois, le sénat et le peuple, revêtus d'une autorité différente, formoient une constitution mixte, dont toutes les branches se tenoient mutuellement en respect par l'espèce de censure qu'elles exerçoient les unes sur les autres. Quelque admirables que soient les proportions de ce gouvernement, il n'écarta cependant de Sparte les cabales, les partis, les troubles, les désordres qui ont perdu les autres Républiques de la Grèce, qu'autant qu'il fut attentif à maintenir en vigueur les loix que Lycurgue avoient faites pour les mœurs.

Dès que Lysander, en portant dans sa patrie les tributs et les dépouilles des vaincus, y eut développé le germe de cupidité jusqu'alors étouffé, l'avarice se glissa sourdement avec les richesses dans les maisons des Spartiates. La simplicité de leurs pères, d'abord moins agréable, leur parut bientôt trop grossière. Un vice n'est jamais seul dans une République; il en produit cent autres. Peu à peu les vertus et les talens perdirent autant de leur crédit, que les richesses en acquirent. A mesure que les Spartiates apprenoient à jouir de leur fortune, ils se persuadèrent que les richesses pourroient tenir lieu de mérite, et dès-lors elles commencèrent à donner quelque considération à leurs possesseurs. La pauvreté fut enfin méprisée; et dès qu'il fut nécessaire d'acquérir des richesses, les Spartiates, occupés de leurs affaires domestiques, ne donnèrent plus toute leur attention aux intérêts de la République. Les passions alors enhardies, relâchèrent les ressorts du gouvrenement, et il lui fut impossible de les réprimer, parce qu'il avoit eu l'imprudence de les laisser naître.

Les riches, tourmentés par la crainte qu'on ne les dépouillât de leurs richesses, se révoltèrent contre le partage de l'autorité, établi par Lycurgue, et voulurent être tout-puissans, pour être en état de défendre leur fortune. Le peuple, de son côté, tantôt rampant, et tantôt insolent, n'eut plus que des éphores dignes de lui. En vain tenteroit-on aujourd'hui d'arrêter les désordres de Lacédémone, en rappelant les loix qui fixoient les bornes de la puissance des rois, des sénateurs et du peuple. A quoi serviroient des loix méprisées par les mœurs publiques, et auxquelles l'ambition et l'avarice ne peuvent plus obéir? Le vice les a énervées, la pratique de la vertu peut seule leur rendre leur force. Si on ne se hâte, mon cher Aristias, de réparer et d'étayer par la tempérance et la frugalité les restes d'un gouvernement ébranlé par la licence des passions, sois sûr que ces rois, ces sénateurs, ces éphores autrefois si généreux, si sages et si magnanimes dans l'exercice de leur autorité, se lasseront bientôt de cette sorte de modération qu'ils affectent encore malgré eux, et cesseront d'être des magistrats, pour devenir les oppresseurs (3) d'une République qui se déchirera par ses querelles domestiques, jusqu'à ce qu'elle devienne la proie d'un ennemi étranger.

Veux-tu, mon cher Aristias, poursuivit Phocion, un second exemple de la puissance des mœurs? Transporte-toi en Egypte, et tu verras que si leur décadence a rendu inutile dans Lacédémone le sage gouvernement de Lycurgue, leur sainte austérité a autrefois purifié jusqu'au despotisme même.

Les rois d'Egypte n'avoient que les Dieux au-dessus d'eux, et ils partagoient, en quelque sorte avec eux, l'hommage de leurs sujets. Leurs ordres étoient autant de loix sacrées et inviolables, et tout devoit se prosterner en silence devant leur trône. Quelque terrible que dût être ce pouvoir sans bornes entre les mains d'un homme, les Egyptiens n'en éprouvèrent aucun effet funeste, parce qu'ils avoient des mœurs, et en donnèrent à leur maître. Il nétoit point permis à ces monarques tout-puissans d'être avares, oisifs, prodigues ou voluptueux. Tous les momens de leur journée étoient remplis par quelque devoir. A peine avoient-ils sacrifié aux Dieux, et médité dans le temple sur quelque vérité des livres sacrés, qu'ils étoient arrachés à eux-mêmes. Il falloit écouter les plaintes des malheureux, juger les procès de leurs sujets, tenir des conseils, et expédier des ordres dans les provinces pour y prévenir quelque abus, ou y former quelque établissement avantageux. Jusqu'aux délassemens et aux besoins de l'humanité, tout étoit prescrit par les loix. Le bain, la promenade, les repas, avoient des heures marquées. La table étoit un autel élevé à la frugalité; on y mesuroit le vin, jamais on n'y servoit que deux mets, et toujours les mêmes. Dans le palais, aucun faste n'insultoit à la condition des sujets, et n'inspiroit de l'orgueil au maître. L'amour enfin, cette passion, Aristias, trop souvent si impérieuse, si puérile, si emportée, si folle, n'étoit qu'un simple délassement après le travail; c'étoit la loi qui fermoit et ouvroit l'appartement de la reine au prince.

C'est ainsi que les Egyptiens firent leur bonheur (*). Leur pays ne renfermoit pour ainsi dire qu'une nombreuse famille dont le monarque étoit le père. Le prince, toujours roi, n'avoit pas le temps d'être homme. L'ordre constant et périodique

(*) Mais il étoit impossible qu'il durât long-temps, parce qu'il est impossible que des rois aient long-temps des mœurs. (*Voyez le discours préliminaire.*)

de ses occupations accoutumoit son esprit à la règle, et tenoit lieu de tout l'art que nous employons souvent inutilement, pour empêcher que nos magistrats n'abusent de l'autorité qui leur est confiée. Les passions étoient étouffées dans le cœur du maître; et ne pouvant desirer et vouloir que le bien, il importoit peu aux Egyptiens d'avoir cette liberté dont nous sommes si jaloux. Les loix toujours justes et impartiales, quoique faites par un seul homme, étoient également aimées et respectées par tous les ordres de l'état. C'est ainsi que, malgré le despotisme, les bonnes mœurs rendirent l'Egypte heureuse, et nos anciens philosophes l'ont regardée comme le berceau de la sagesse.

Je dévore tes discours, s'écria Aristias; je me sens entraîné par la force de tes raisons. Sans doute c'est profaner la Politique qui doit rendre les sociétés heureuses et florissantes, que d'en donner le nom à ce petit manége toujours incertain de ruse, d'intrigue et de fourberie, que je regardois comme un grand art, et qui n'a été en effet imaginé que par des ignorans incapables de s'élever à de plus hautes idées, ou par de mauvais citoyens qui ne regardoient, dans l'administration de la République, que le malheureux avantage de satisfaire eux-mêmes leur ambition et leur avarice. Sans doute que les mœurs doivent servir de base à la loi, et que sans leur secours le législateur n'élèvera jamais qu'un édifice chancelant et prêt à s'écrouler.

Mais, te l'avouerai-je, Phocion, continua Aristias en baissant la vue et d'un ton affligé; dans le moment même que je cède à l'évidence de tes raisonnemens, mes anciens préjugés semblent se révolter contre ma raison. L'Egypte, autrefois vertueuse, a été heureuse, et Lacédémone n'a perdu sa prospérité qu'en perdant ses mœurs. Sans doute il est digne de la sagesse de l'Auteur de la nature, que le bonheur soit le prix de la vertu, et l'adversité la compagne du vice. Tel est l'ordre le plus ordinaire; mais n'est-il point d'exception à ces loix générales? Celui qui les a portées, pour des raisons qu'il seroit téméraire de vouloir pénétrer, n'y déroge-t-il jamais? N'a-t-on pas vu quelquefois des Empires élever leur fortune sur l'injustice, et fleurir par des moyens que la Morale réprouve? Quelle vertu ont les Perses qui dominent sur l'Asie entière? Il me semble que Philippe, à qui tout réussit, n'a guère plus de vertu que nous qui tombons en décadence; il me semble que tous les jours des intrigans, à force de lâchetés et de scélératesses, enlèvent à des hommes de bien la récompense qui n'est due qu'à la probité. Pourquoi par les mêmes voies, des Etats ne pourroient-ils donc pas obtenir les mêmes succès? Nous avons vu des tyrans usurper dans leur ville la souveraineté, jouir de leur vol, et mourir tranquillement

ment dans leur lit. Socrate au contraire n'a possédé aucune de nos magistratures, et il a trouvé des juges qui l'ont condamné à boire la ciguë. Ah! Phocion, Phocion, quel spectacle scandaleux ne nous présente pas quelquefois l'histoire du bonheur et du malheur des hommes!

Prends-y garde, mon cher Aristias, lui répondit Phocion, ce n'est pas ta raison, ce sont tes passions qui viennent de parler. C'est parce que tu confonds encore les dignités, les richesses, l'éclat, le pouvoir avec le bonheur, que tu voudrois qu'ils fussent la récompense de la vertu; mais ils ne peuvent tout au plus procurer qu'un plaisir passager, tel que le donnent les caresses trompeuses d'une courtisane; et des plaisirs passagers ne sont pas le bonheur.

Tu vois tous les jours des hommes méprisables qui parviennent aux premières magistratures; mais sois sûr qu'elles ne sont un bien que pour l'homme vertueux qui se dévoue à sa patrie, qui est assez habile pour la rendre heureuse, ou qui du moins a tout tenté pour y réussir. Le bonheur dans chaque individu, c'est la paix de l'ame, et cette paix naît du témoignage qu'il se rend de sa conduite par les règles de la justice. Ces tyrans, ces ambitieux dont la multitude admire la prospérité, gémissent en secret sous le poids de l'administration à laquelle ils ont la lâcheté insensée de ne pouvoir renoncer. Que ne peux-tu lire dans leur cœur déchiré par la crainte, l'envie, la haine, l'avarice et les remords ! Mon cher Aristias, que cette apparence de prospérité, qui n'environne que trop souvent le vice, ne nous scandalise pas. L'élévation des méchans, faisant à la fois leur châtiment, et celui des peuples qu'ils gouvernent et qui les élèvent, est au contraire une nouvelle preuve que le bonheur n'est attaché qu'à la vertu.

Quand tu me cites Socrate, souviens-toi donc que ce verre de ciguë, qui déshonorera éternellement nos pères, ne troubla point son repos. Les scélérats qui vouloient le perdre, étoient incertains du succès de leurs calomnies, et il étoit sûr de son innocence. Puisqu'il ne fit aucune plainte, aucune sollicitation, et qu'il refusa de se soustraire par la fuite, à la haine de ses ennemis, comment pourroit-on le soupçonner d'avoir été inquiet sur le jugement qui l'attendoit ? Pendant les trente jours (4) qui s'écoulèrent depuis qu'on lui prononça sa sentence, jusqu'au moment de l'exécution, il continua à instruire ses disciples. Il leur parla de l'immortalité de l'ame et du bonheur attaché à la vertu. Les yeux les plus perçans ne virent point qu'il fît quelque effort pour être ou paraître tranquille, et qu'il soupçonnât que sa prison et sa mort fussent une objection contre sa doctrine. Il regarda la mort, comme nous voyons le coucher du soleil et l'approche du sommeil ; il remercia les Dieux de lui donner une fin qui lui épargnoit les infirmités de la vieillesse et les angoisses douloureuses de l'agonie. C'est Athènes seule qui étoit malheureuse ; et quelle longue suite de calamités ne pouvoit-on pas prédire à une ville assez aveugle et assez corrompue pour punir la vertu de Socrate du dernier supplice?

A l'égard de la prospérité des Etats, je conviens, poursuivit Phocion, qu'il s'est formé de grands Empires par des moyens que la Morale désavoue ; mais réponds-moi, ces Etats, quoiqu'injustes, ambitieux et sans foi, n'étoient-ils pas moins abandonnés aux voluptés, à la paresse et à l'amour des richesses que les peuples qu'ils ont soumis? n'étoient-ils pas plus exercés au courage et à la discipline? n'avoient-ils pas moins d'indifférence pour leur patrie, et plus d'amour pour la gloire? Ce n'est pas parce que Philippe a peu de vertu que nous le craignons, c'est parce que nous en avons encore moins que lui, et qu'il se sert de nos vices pour nous accabler. L'ambition, l'injustice, la ruse, la violence peuvent sans doute former de grands Empires; mais c'est parce qu'à ces vices on n'oppose que d'autres vices : d'ailleurs, quel est l'avantage de cette grandeur usurpée? Peut-elle faire la prospérité d'un Etat, puisqu'il est impossible de l'asseoir sur un fondement solide?

La Politique, dupe d'un bonheur passager et toujours suivi des revers les plus funestes, doit-elle donc sacrifier l'avenir au moment présent ? O mon cher Aristias, si tu aimes ta patrie, que les Dieux te préservent de lui souhaiter des succès qui prépareroient sa décadence et sa ruine ! C'est pour avoir voulu usurper l'empire de la Grèce, que nous et les Spartiates sommes aujourd'hui à la veille de perdre notre liberté. La modération de nos villes les avoient mises en état de repousser Xerxès ; leur ambition va les soumettre à Philippe. De grandes provinces et de grandes richesses, quoi qu'en disent nos orateurs, ne contribuent ni au bonheur domestique des citoyens, ni à la sûreté de la République à l'égard des étrangers. Que sert aux Perses d'avoir conquis l'Asie entière ? En sont-ils plus libres? Le sujet jouit-il avec plus de confiance de sa fortune, depuis que le prince a monstrueusement augmenté la sienne? Qu'un grand Empire est faible! puisqu'Agésilas, avec une poignée de soldats, a porté la terreur jusques dans Babylone. Une autre fois je te développerai les preuves de cette vérité; mais dans ce moment contente-toi de remarquer, Aristias, que si l'Être, protecteur de la vertu, se sert quelquefois des vices d'un peuple pour en détruire un plus vicieux, il ne manque jamais de briser l'instrument de sa vengeance après s'en être servi.

Ce n'est point par des miracles qu'il agit, mais par une suite naturelle de l'ordre qu'il a établi dans le gouvernement du monde.

Je ne hasarde point ici une conjecture vaine et téméraire. Examine avec moi le choc, la marche, le concours des passions, le mouvement réciproque qu'elles se communiquent, et tu en verras résulter cet ordre favorable à la Morale. La trahison, la fourberie, la ruse peuvent surprendre et tromper un Etat qui n'est pas précautionné contre leurs piéges, et obtenir d'abord quelque succès; mais leur succès même déchire le voile sous lequel elles se cachoient, et la mauvaise foi, en inspirant une défiance et une haine générale, se trouve enfin elle-même embrassée dans les embûches qu'elle dressoit. Intimidée par la crainte qu'elle a fait naître, dupe de ses propres finesses, jamais elle ne peut prévoir tous les dangers dont elle est menacée; sans cesse elle se précautionne contre des accidens chimériques. Marchant ainsi sans règle, elle ne peut réussir que par hasard, et bientôt doit nécessairement échouer. Ces sophistes (5), qui tâchent de réduire en art la perfidie, et qui nous étalent avec complaisance cent exemples d'injustices heureuses, se gardent bien de nous en faire connaître les suites funestes. Toujours vagues dans leurs discours, ils n'analysent jamais les causes des succès de l'injustice et de la mauvaise foi; jamais ils n'établiront le point fixe, ou triomphant de tous les obstacles, elles sont sûres de réussir. La force de la vérité oblige au contraire les sophistes à se réfuter eux-mêmes. Ils ne peuvent se déguiser que les succès passagers de l'injustice ne préparent qu'un avenir malheureux. Pourquoi nous conseillent-ils d'éviter la haine et le mépris, comme les deux écueils les plus funestes de la Politique? N'est-ce pas convenir du danger des vices, reconnaître le prix de la vertu, et avouer que ses opérations seules sont sûres?

Si un peuple, au lieu de la ruse et de la fourberie, emploie la force et la violence contre ses voisins, il est impossible qu'il ne soit pas lui-même agité par la crainte qu'il inspire. En même temps qu'il augmente le nombre de ses ennemis, il devient suspect à ses alliés. En croyant se rendre puissant, il multiplie ses dangers et diminue ses forces. Plus heureux que plusieurs nations dont nous connaissons l'histoire, et qui se sont affaiblies et enfin ruinées à force d'efforts pour augmenter leur fortune, je veux qu'il ne succombe pas sous le poids des difficultés qui l'entourent, et que la résistance de ses ennemis aiguise au contraire son courage, ses forces et ses talens. Le moment fatal du succès arrive; il triomphe, mais le vainqueur périt au milieu de ses conquêtes.

Remarque-le, mon cher Aristias, c'est l'ambition, c'est

l'avarice

l'avarice déguisées sous le nom d'une fausse gloire, qui peuvent seules porter les hommes à être conquérans; et par quel prodige ces deux passions, qui n'ont pas craint de violer tous les droits humains et de verser des torrens de sang, useroient-elles avec prudence de la victoire, si capable d'enivrer d'orgueil les hommes les plus modérés? Sésostris peu content de régner sur l'Egypte, fait violence à ces sages loix dont je te parlois il n'y a qu'un moment; il médite la conquête de l'Asie, et rien ne résiste d'abord à ces Egyptiens sobres, laborieux, tempérans et courageux qu'il a armés pour servir son injuste ambition. Mais ses soldats victorieux prennent bientôt les vices et les mœurs des peuples vaincus. Ces hommes, amollis par les voluptés et les richesses, rapportent dans leur patrie les dépouilles de l'Orient. Le peuple étonné d'un spectacle qui développe en lui le germe de l'ambition et de l'avarice, se croit parvenu au comble de la gloire et de la prospérité ; cependant la vertu, ébranlée dans tous les cœurs, est prête à les abandonner ; et au milieu des chants d'allégresse et de triomphe, le châtiment de l'Egypte commence. Une négligence présomptueuse relâche les ressorts du gouvernement ; tous les anciens établissemens sont bientôt détruits par les passions. Les successeurs de Sésostris, esclaves d'une fortune qui les accabloit, devinrent des tyrans voluptueux, et d'autant plus terribles, qu'affaiblis par la ruine des loix, ils ne se croyoient plus en sûreté. Ils craignirent des sujets que la mollesse, le faste, la pauvreté et les richesses avoient rendus à la fois lâches et insolens; et leur royaume, sans défense et troublé plutôt par des émeutes que par des révoltes, est destiné à devenir la proie du premier conquérant qui voudra s'en emparer.

L'histoire nous offre mille exemples pareils. Les Mèdes, en asservissant les Assyriens, perdirent les mœurs et les loix qu'ils devoient à la sagesse de Déjocès; ils cessèrent d'être heureux par une trop grande prospérité, et préparèrent une conquête aisée aux Perses, qui à leur tour amollis et corrompus aussitôt que vainqueurs, fondèrent un grand empire, dont tout annonçoit la décadence. Que de leçons pour la politique, si elle veut connaître ses devoirs ! Te parlerai-je, mon cher Aristias, des malheurs domestiques de la Grèce? Nos succès brillans pendant la guerre Médique, où nous ne faisions que nous défendre, ont été capables de nous faire abandonner les vertus de nos pères; quels ravages ne doivent donc pas faire chez un peuple les succès d'une guerre entreprise par ambition et par avarice ! L'époque de l'ambition et de la faiblesse d'Athènes est la même. Nous nous sommes perdus quand nous avons voulu nous rendre les maîtres de nos alliés; et Lacédémone, après nous avoir vaincus, n'a plus été en état de se défendre contre les Thébains.

Philippe abuse aujourd'hui de nos divisions et de nos vices; il ne cherche qu'à nous subjuguer et nous asservir : mais voyez avec quelle adresse son ambition emprunte le masque de la modération, de la justice, de la bienfaisance même! c'est par-là qu'il est veritablement redoutable. Il recueille dans la Macédoine les vertus fugitives qui nous abandonnent; il rend son peuple sobre, actif, patient, laborieux et brave. Que de vertus, qui, par l'emploi insensé que ce nouveau Sésostris en fait, ne procureront qu'un faux bonheur aux Macédoniens ! Si ce prince avoit l'ame assez grande pour connaître ses devoirs, et les préférer aux intérêts de sa vanité et de son ambition, il mettroit à profit les circonstances heureuses où il se trouve. Au lieu de fomenter nos vices pour acquérir avec moins de peine l'empire de la Grèce, il se serviroit de ses talens pour nous aider à nous corriger ; il tâcheroit de mériter à la Macédoine la considération dont Lacédémone a autrefois joui. Loin de nous diviser, il travailleroit à nous réunir, et à ne faire des Grecs et des Macédoniens qu'un peuple d'amis et d'alliés, qui seroit heureux, et dont le pays deviendroit inaccessible aux attaques des étrangers.

Il procureroit ainsi un bonheur durable à sa nation ; mais puisque Philippe n'aime la vertu que pour en faire l'instrument de son ambition, j'ose te prédire, sans vouloir empiéter sur les droits de l'oracle de Delphe, que cette fortune des Macédoniens, préparée et conduite avec tant d'art, de courage et d'habileté de la part du prince, et tant de vertu de la part des sujets, disparaîtra en naissant. Le moment où leur empire sera parvenu à la situation en apparence la plus brillante, sera l'époque où il commencera à (6) déchoir. Ses succès ouvriront enfin les yeux à ses voisins ; ses conquêtes lui feront plus d'ennemis qu'elles ne lui donneront de sujets. Les qualités que nous admirons aujourd'hui dans les Macédoniens, feront place aux vices des vaincus. La Macédoine sera malheureuse, et trouvera enfin un vainqueur.

Il faudroit, mon cher Aristias, que la nature du cœur humain changeât, pour que la politique de nos sophistes pût conduire un peuple à un bonheur durable. Si ce n'étoit que notre raison seule qui nous fît haïr l'injustice, la fourberie, la violence, l'ambition, l'avarice, etc. peut-être qu'on parviendroit à l'éblouir, la tromper et l'envelopper de préjugés qu'elle ne pourroit détruire; mais ce sont nos passions mêmes qui détestent ces vices dans nos pareils. Blessées dès qu'elles les rencontrent, elles s'aigrissent, elles s'irritent, et rien ne peut les distraire. Tant qu'un homme injuste et sans foi indisposera ses concitoyens; tant qu'une République ambitieuse, avare et orgueilleuse se rendra suspecte et odieuse à ses voisins, c'est-à-dire, tant que la nature de l'homme ne changera pas, sois persuadé que la Politique doit regarder la vertu comme la source et le fondement de la prospérité.

Je devrois te parler actuellement de la méthode avec laquelle la Politique doit affermir la vertu dans une République; mais en voilà assez pour aujourd'hui, dit Phocion, et je craindrois, mon cher Aristias, de nuire à la vérité en te fatigant : s'il te reste même quelques doutes sur les matières que nous avons traitées, la suite de nos Entretiens les dissipera.

Fin du premier volume.

REMARQUES SUR LES ENTRETIENS DE PHOCION.

PREMIER ENTRETIEN.

(1) AVANT la guerre du Péloponèse, les villes de la Grèce, libres et indépendantes, mais unies par des alliances et des sermens, à peu près comme le sont aujourd'hui les Cantons Suisses, formoient une République fédérative (*). Malgré les différends qui s'élevoient quelquefois entre les alliés, les Grecs croyoient que la nation entière n'avoit

(*) Voyez le Discours prélim. pag. 46.

et ne pouvoit avoir qu'un même intérêt, et ils ne regardoient pas comme de véritables guerres les hostilités qu'ils faisoient les uns contre les autres. C'est ce qui faisoit dire à Platon : *Aio equidem Græcos omnes inter se propinquos esse genere atque cognatos, à Barbaris autem diversos atque extraneos... Quoties igitur Græcia adversùs Barbaros, vel contra Græcos Barbari ipsi pugnabunt, bellum gerere asseremus, et hostes esse naturâ, et has inimicitias bellum vocabimus. Quando verò Græci adversùs Græcos insurgunt, dicemus eos naturâ quidem amicos esse, morbo autem laborare in hoc Græciam, et seditionibus agitari, et seditionem has inimicitias appellabimus.* Plat. in Rep. L. 5. La guerre du Péloponèse, entreprise par des vues d'ambition, et soutenue pendant près de trente ans avec la plus grande opiniâtreté par les Athéniens, les Spartiates et leurs alliés, rompit tout lien entre les Grecs. On ne prit plus les armes pour se venger simplement d'une injure et exiger une réparation, mais pour détruire son ennemi, asservir ses voisins, et dominer sur la Grèce entière. Si Platon

Platon appeloit encore ces guerres cruelles, des *séditions* ou des *émeutes*, c'étoit pour apprendre aux Grecs leur devoir, et les inviter à penser encore comme leurs pères avoient pensé.

(2) Après que les Perses, vaincus sur mer et sur terre, eurent abandonné le projet d'asservir la Grèce, les Athéniens portèrent la guerre en Asie, pour affranchir du joug de Xerxès les Grecs qui y étoient établis. Ces peuples, accoutumés à la paix, ne faisoient la guerre qu'à regret. Athènes les en exempta, se contentant d'en exiger un tribut annuel de soixante talens, pour subvenir aux frais de son armée. Pausanias, L. 8, ch. 52, en fait un reproche amer à Aristide. Il l'accuse d'avoir ouvert la porte à la cupidité, et accoutumé les Grecs à faire un trafic mercenaire de leurs alliances et de leurs forces. Périclès, en succédant à Cimon dans le gouvernement d'Athènes, porta ce tribut à six cents talens, et tout fut perdu. Les Grecs d'Asie voyoient qu'il étoit inutile de faire la guerre, à la Perse humiliée; ils murmurèrent et se plaignirent de la continuation d'un

impôt qui les ruinoit. Il fallut leur faire la guerre pour les contraindre à le payer. Le talent pesoit soixante livres de douze onces, qui, selon notre manière de compter, font quatre-vingt-dix marcs. Notre marc d'argent valant aujourd'hui cinquante livres, le talent Grec valoit quatre mille cinq cents de nos livres numéraires. Le talent d'or pesoit de même soixante livres ou quatre-vingt-dix de nos marcs.

(3) Il est vraisemblable que les Athéniens auroient abusé de leurs avantages avec encore plus de dureté que les Spartiates. Ceux-ci étoient accoutumés à la modération, et ils en donnèrent plusieurs marques dans le cours même de la guerre du Péloponèse : les autres au contraire avoient toujours eu de l'ambition. Dès leur naissance ils avoient cru avoir une sorte de droit sur les pays qui produisent du blé, des oliviers et des vignes, et ils se flattoient de s'en rendre un jour les maîtres. Dans la négociation qui précéda la guerre du Péloponèse, Athènes ne cacha point ses vrais sentimens. Thucydide, L. 1, C. 4, fait dire à ses ambassadeurs : *C'est de tout*

temps que les plus forts sont les maîtres ; nous ne sommes pas les auteurs de ce réglement, il est fondé dans la nature (*). Etrange politique, et qu'il est encore plus étrange d'oser avouer. La manière dont Athènes traita ses alliés, fait juger comment elle en auroit usé avec la Grèce entière, si elle eût fait subir aux Spartiates le sort qu'elle éprouva elle-même. Son Empire n'auroit pas été plus affermi que le fut celui de Lacédemone, quand elle voulut régner par la force. Les Athéniens auroient vu éclater contre eux des révoltes continuelles, et leur gouvernement, faible et tumultueux, leur auroit préparé une prompte décadence.

(4) Ce qu'Aristias dit ici à la louange de sa Patrie, ressemble assez à ce qu'on trouve dans l'éloge funèbre que Périclès prononça aux funérailles de ceux qui avoient été tués dans

(*) Les ambassadeurs d'Athènes parlent ici le langage des cabinets de Londres, de Vienne, etc. Nous obligerons enfin les brigands qui dominent dans ces cabinets, à changer de langage.

la première campagne de la guerre du Péloponèse. *Voyez Thucydide*, L. 2, C. 7. Un pareil discours est bien digne de l'orateur qui le faisoit, c'est-à-dire, d'un magistrat qui, pour se rendre plus puissant, avoit corrompu les mœurs de sa République. Aristide, Thémistocle et Cimon n'auroient point parlé ainsi. Les qualités que Périclès loue dans les Athéniens, sont autant de vices, mais déguisés avec art sous les ornemens trompeurs de l'éloquence. Quand les Athéniens, toujours vains et avides de louanges, n'eurent plus de vertus, ils prirent le parti de louer leurs vices et d'en tirer vanité, plutôt que de se corriger.

(5) Cette loi étoit de Solon, et déplaisoit fort aux jeunes gens d'Athènes, qui tout pleins d'orgueil après avoir fréquenté les écoles des sophistes, ne doutoient point que la République ne fût très-bien gouvernée, si on leur avoit permis de monter dans la tribune aux harangues, et de se mettre à la tête des affaires. Cette loi n'étoit plus observée régulièrement du temps de Phocion; car, selon la remarque de l'abbé d'Olivet sur la première *Philippique*, Démosthène n'étoit que

dans sa trentième année quand il prononça cette harangue. Peut-être cet orateur étoit seul excepté de la règle générale à cause de ses grands talens ; mais il est plus vraisemblable que c'étoit un abus, suite du discrédit où les anciennes loix étoient tombées.

(6) Je ne puis m'empêcher de mettre ici sous les yeux de mes lecteurs un morceau admirable de Cicéron dans sa République : *Est quidem vera lex, recta ratio, naturæ congruens, diffusa in omnes, constans, sempiterna, quæ vocet ad officium jubendo, vetando à fraude deterreat. Quæ tamen neque probos frustrà jubet aut vetat, nec improbos jubendo aut vetando movet. Huic legi neque abrogare fas est, neque derogari ex hâc aliquid licet, neque tota abrogari potest. Nec verò per senatum aut per populum solvi hâc lege possumus : neque est quærendus explanator, aut interpres ejus alius. Nec erit alia lex Romæ, alia Athenis, alia nunc, alia post hac, sed omnes gentes et omni tempore, una lex et sempiterna, et immutabilis continebit, unusque erit communis quasi magister et imperator omnium Deus, ille legis hujus inventor, dis-*

ceptator, lator; cui qui non parebit, ipse se fugiet, ac naturam hominis aspernabitur; atque hoc ipso luet maximas pœnas, etiam si cætera supplicia quæ putantur, effugerit. C'est cette raison dont parle Cicéron d'une manière si sublime et si vraie, qui doit être le principe et la règle de toute la Morale et de toute la Politique. Les *Entretiens de Phocion* n'ont point d'autre objet que de développer cette importante vérité. Cicéron dit encore dans son Traité des Loix : *Quid est autem, non dicam in homine, sed in omni cœlo atque terrâ, ratione divinius? Quæ cùm adolevit atque perfecta est, nominatur ritè sapientia. Est igitur, quoniam nihil est ratione melius, eaque et in homine et in Deo, prima hominis cum Deo rationis societas.... Est enim unum jus, quo devincta est hominum societas, et quod lex constituit una. Quæ lex est recta ratio imperandi atque prohibendi : quam qui ignorat, is est injustus, sive est illa scripta uspiam, sive nusquam.... Quod si populorum jussis, si principum decretis, si sententiis judicum jura constituerentur, jus esset latrocinari, jus adulterare, jus testamenta falsa supponere, si hæc suffragiis, aut scitis multitudinis probarentur. Quæ si tanta potentia est stultorum sententiis atque jussis, ut eorum suffragiis natura vertatur; cur non sentiunt, ut quæ mala perniciosaque sunt, habeantur pro bonis et salutaribus? Aut cur, cùm jus ex injuria lex facere possit, bonum eadem facere non possit ex malo.*

(7) Critias étoit un des trente tyrans que Lysander établit à Athènes. Il fut plus cruel que ses collègues. Il porta cette loi ridicule, par laquelle il étoit défendu d'enseigner dans Athènes l'art de raisonner.

SECOND ENTRETIEN.

(1) L'ABONDANCE d'argent que les tributs des alliés portèrent à Athènes, le luxe qui en fut la suite, et les rétributions que Périclès fit donner au peuple pour assister aux spectacles et aux jugemens de la place publique, voilà les principales causes de la corruption des mœurs des Athéniens. On ne

parla plus que de fêtes et de plaisirs. L'estime accordée aux arts inutiles, leur firent faire des progrès très-rapides. Les Athéniens ne se piquant plus que de goût, d'élégance et de recherche, regardèrent leurs pères comme des hommes grossiers, et ne songèrent plus à en avoir les vertus. Platon peint admirablement dans sa *République*, liv. 8, les progrès, et, si je puis parler ainsi, la génération des vices dans une ville qui possède des richesses superflues.

Ærarium illud cujusque auro plenum perdidit Rempublicam. Nam primum quidem novos sumptus reperiunt, et ad leges deducunt, quibus neque ipsi, neque mulieres ipsorum obtemperant.... Deindè alter alterius exemplo et æmulatione perciti multi tandem tales evadunt.... Hinc igitur effusius ad pecunias cumulandas delapsi, quantò hoc pretiosius æstimant, tantò virtutem æstimant viliorem. An non ità virtus à divitiis discrepat, quasi utraque in lance stateræ sint positæ, semper in contrariam partem declinent? .... Quando igitur in civitate divitiæ ac divites honorantur, virtus probique viri despiciuntur.... Incenduntur que ad ea studia omnes quæ in honore sunt, eaque frequentant : quæ verò nullo honore censentur, apud quosque jacere solent.... Ità ex victoriæ honorisque cupidis, questus et pecuniarum avidi tantùm efficiuntur, et divites quidem viros laudant et admirantur, et ad magistratus evehunt, pauperes verò despiciunt.

(a) Ce que Phocion dit ici de Platon, est très-conforme à la doctrine que ce philosophe établit dans son Traité des Loix, L. 4. Il se déclare pour le gouvernement de Crète et de Sparte. *Veræ enim*, répondit-il à Clinias Crétois, et à Magillus Lacédémonien, qui lui ayant rendu compte de l'administration de leurs Républiques, ne savoient dans quelle classe de gouvernement les ranger : *Veræ enim ; ô viri optimi ! Reipublicæ vos participes estis ; quæ autem modo nominatæ sunt* (Aristocratia, Democratia et Monarchia) *non Respublicæ, sed urbium habitationes quædam sunt, in quibus pars una servit alteri dominanti.* Il dit encore dans le même ouvrage, L. 8 : *Nulla certè potestas hujusmodi, Respublica est, sed seditiones appellari omnes rectissimè possunt. Nulla enim volentibus volens, sed volens nolentibus semper vi aliqua dominatur.*

Tous les philosophes anciens ont pensé comme Platon, et les hommes d'Etat les plus célèbres ont toujours voulu établir dans leurs villes une police mixte, qui en affermissant l'empire des loix sur les magistrats, et l'empire des magistrats sur les citoyens, réunit les avantages des trois gouvernemens ordinaires, et n'eût aucun de leurs vices. A l'exception des Spartiates, les Grecs, légers, inconstans et jaloux de leur indépendance jusqu'à craindre le joug des loix; sans lesquelles cependant il n'y a point de liberté, ne pouvoient s'accommoder que de la pure Démocratie. Non-seulement l'assemblée du peuple possédoit dans toutes les Républiques la puissance législative; mais il étoit rare qu'elle laissât aux magistrats la liberté d'exercer les fonctions dont ils étoient chargés. L'autorité du peuple à Athènes ne connaissoit point de bornes. Les magistrats n'y avoient qu'un vain nom. Les ordres du sénat étoient éludés, ses décrets et ses jugemens étoient cassés, s'ils n'avoient pas l'art de se conformer au goût du public.

Demander quel est le meilleur gouvernement, de la Monarchie, de l'Aristocratie ou de la Démocratie, c'est demander quels plus grands ou quels moindres maux peuvent produire les passions d'un prince, d'un sénat, ou de la multitude. Demander si un gouvernement mixte est meilleur qu'un autre gouvernement, c'est demander si les passions sont aussi sages, aussi justes, aussi modérées que les loix.

(3) Ce que Phocion prévoyoit arriva. Lacédémone, en proie aux mêmes désordres et aux mêmes malheurs que les autres villes de la Grèce, éprouva mille révolutions jusqu'à l'extinction des deux branches de ses rois légitimes; et on peut dire qu'elle fut gouvernée tour-à-tour, et souvent à-la-fois par les passions de ses rois, de son sénat, des éphores et de la multitude. Des tyrans s'emparèrent de l'autorité; et les Lacédémoniens, aussi méprisés au dehors, que malheureux au dedans, éprouvèrent enfin le même sort que les autres Grecs qui furent soumis à la domination Romaine.

La fortune des Romains est encore une

preuve très-forte de la vérité que Phocion enseigne ici à Aristias, c'est-à-dire, du pouvoir des bonnes mœurs. En effet, elles contribuèrent plus que tout le reste à empêcher que les querelles qui s'élevèrent entre les patriciens et les plébéïens, après l'exil des Tarquins, ne perdissent la République naissante, en la portant à des violences extrêmes. Ces querelles mêmes, secondées par de bonnes mœurs, établirent à Rome un gouvernement mixte, dont les proportions étoient à peu près les mêmes que celles du gouvernement de Lacédémone. Tant que les mœurs conservèrent leur autorité, les Romains montrèrent de la justice et de la modération dans leurs différends; et le partage de la puissance publique entre les consuls, le sénat, les tribuns et le peuple, subsista dans ce point d'égalité propre à rendre la République heureuse et florissante. Dès que Rome fut corrompue par l'orgueil de ses victoires, et les richesses des peuples qu'elle avoit vaincus, ses vices, plus forts que ses censeurs, leur imposèrent silence. Ces magistrats exercèrent d'abord leurs fonctions avec

des

des ménagemens ; ils tremblèrent enfin, et dès-lors les passions sans frein anéantirent la puissance publique. Les loix ne pouvoient se faire respecter par des magistrats ni par des citoyens qui se croyoient tout permis pour satisfaire leur avarice et leur ambition, présage infailllible des guerres civiles par lesquelles les Romains alloient se déchirer, et qui devoient les soumettre à des empereurs que l'histoire nous peint comme autant de monstres. Il n'y eut plus de vertus dans l'Empire Romain, et il devint la proie des Barbares.

Plus on y réfléchira, plus on sera persuadé que la liberté sans mœurs dégénère en licence, et que la licence produit nécessairement la tyrannie domestique, ou l'asservissement à une puissance étrangère. Un Auteur célèbre a dit que la Monarchie pouvoit se passer de vertu, et gouvernoit par l'honneur. Mais quand il explique ce qu'il entend par honneur, on voit qu'il entend la vertu, ou qu'il n'entend rien du tout.

(4) *La cause de ce long délai*, dit Charpentier dans la vie de Socrate, *étoit que les*

Athéniens envoyoient tous les ans un vaisseau en l'île de Délos, pour y faire quelques sacrifices; et il étoit de la religion de ne faire mourir personne dans la ville, depuis que le prêtre d'Apollon avoit couronné la poupe de ce vaisseau pour marque de son départ, jusqu'à ce que le même vaisseau fût de retour; si bien que, l'arrêt ayant été prononcé contre Socrate le lendemain que cette cérémonie s'étoit faite, il fallut en différer l'exécution pour trente jours qui s'écoulèrent dans ce voyage.

(5) Ce que Phocion dit ici des sophistes de son temps, on peut l'appliquer à Machiavel, qui ne donnant dans son *Prince* que des leçons de tyrannie, d'injustice et de fourberie, veut cependant que son disciple emprunte le masque de plusieurs vertus, et que pour éviter d'être *haï et méprisé*, il paraisse *clément, fidèle à sa parole, intègre et religieux*. Mais Machiavel n'a pas fait attention que quand on occupe une grande place, et qu'on manie des affaires publiques, on ne paraît jamais que ce qu'on est véritablement. On pénètre, on voit, on juge sans peine un hypocrite au travers du masque dont il se

couvre. On peut duper un homme d'esprit une fois, mais non pas deux. Les sots sont en général plus soupçoneux que les gens d'esprit; et quand ils ont été trompés, ils sont encore plus intraitables. Ils regardent celui dont ils ont été les dupes, comme un fripon, et ne s'y fient pas même dans les occasions où il n'a aucun intérêt de leur tendre un piége. Que Machiavel dise que le Pape Alexandre VI ne fit jamais autre chose que tromper, et que ses tromperies lui réussirent toujours, il ne persuadera personne, et ne mérite pas d'être réfuté.

(6) Le moment où l'empire des Macédoniens parut le plus puissant, c'est quand Alexandre eut vaincu Darius. Mais si ce prince régnoit tranquillement sur l'Asie subjuguée, les vices de l'Asie commençoient à le subjuguer lui-même. Soit qu'on considère cette corruption naissante, soit qu'on recherche les moyens qu'avoit Alexandre pour empêcher le démembrement de ses vastes Etats, on ne peut s'empêcher de penser qu'une plus longue vie n'auroit servi qu'à ternir la gloire qu'il avoit acquise. Si le lecteur se rappelle

l'histoire des successeurs d'Alexandre ; il verra que les Macédoniens, qui s'établirent en Asie et en Egypte, s'amollirent et n'eurent point d'autres moeurs que les peuples qu'ils avoient vaincus. Pour la Macédoine proprement dite, réduite à ses anciennes limites par la révolte des gouverneurs des provinces, quel fruit retira-t-elle du règne de deux rois tels que Philippe et Alexandre? Elle éprouva mille révolutions funestes. Tandis que le peuple étoit malheureux, la famille royale périt de la manière la plus tragique. Différens princes usurpèrent le trône et en furent chassés. La famille qui réussit à le conserver, ne put jamais prendre sur la Grèce même l'autorité que Philippe y avoit acquise, quoique les Grecs, toujours divisés conservassent toujours les vices qui les avoient affaiblis. La Macédoine eut des ennemis sans nombre, et ses rois, toujours ivres de la réputation que leur royaume avoit eue autrefois, furent occupés à faire laborieusement et sans succès des entreprises au-dessus de leurs forces. Affaiblis et odieux à leurs voisins, ils furent vaincus et détruits par les Romains que la Grèce appela à son secours pour servir sa haine contre la Macédoine, et la punir de ses injustices et de son ambition.

Fin des Remarques sur les deux premiers Entretiens.

SOMMAIRES

DES DEUX

PREMIERS ENTRETIENS.

PREMIER ENTRETIEN.

Idée générale de la situation d'Athènes et de la Grèce, quand Phocion instruisit Aristias. Que la politique est une science dont les principes sont fixes. Sa première règle est d'obéir aux loix naturelles. L'autorité que les passions usurpent, est la source de tous les maux de la société. La politique doit les soumettre à l'empire de la raison.

SECOND ENTRETIEN.

Qu'il n'y a point de vertu, quelque obscure qu'elle soit, qui ne contribue au bonheur des hommes. L'objet principal de la politique est de régler les mœurs. Sans elles il n'est point de bon gouvernement; elles en réparent les vices. Objections d'Aristias; réponses de Phocion.

www.ingramcontent.com/pod-product-compliance
Ingram Content Group UK Ltd.
Pitfield, Milton Keynes, MK11 3LW, UK
UKHW020321230726
13925UKWH00002B/547